保険リテラシーが身につく本

生命保険の基礎知識

ファイナンシャルプランナー
岩城 みずほ 著

税務経理協会

はじめに

　私たちは，生活に潜むリスクである世帯主の死亡や病気，ケガ，介護状態になるなど万一に備えて保険への加入を考えます。十分な貯蓄があればいいのですが，たいていの人はそういうわけにもいきません。生命保険というのは，そもそも，大勢の人が公平に保険料を負担し合っていざという時に給付を受け取る「助け合い」「相互扶助」の仕組みで成り立っているので，準備が整うまで，保険の助けを借りるというわけです。保険は，少ない保険料で，多くの保険金や給付金を受け取ることができます。お金を準備するのは長い時間がかかりますが，保険に加入すると，その時点で必要な金額が準備できます。よく，貯金は三角，保険は四角といわれるのはこういう意味です。つまり，保険料を支払うことで，時間を買っていることになるのですね。

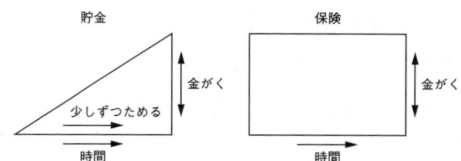

　このように，大変優れた仕組みをもつ保険ですが，保険料が家計にとても負担になっているというご相談をよく受けます。当然のことなのですが，保険は，自分の好きな時に自由に使える預貯金とは全くの別物です。万一の時のために備えるのは必要なのですが，保険料が大きくなりすぎると，その分家計の負担も大きくなります。万一の備えを大きくもって，日々の生活がひっ迫しているなんてやっぱり本末転倒ですよね。

　でも，逆に，保険料を安くしようとするあまり，保障が全く足りていないというケースもよく見受けられます。万一の時，さらに経済的な困窮するというのはあまりに不幸ですね。

　保険は，安ければいいというわけでも，高ければ悪いというわけでもありません。

「自分が必要な保険」があればいいのです。必要具合は，もちろん人それぞれ違います。ライフスタイルや家族構成，考え方や安心の尺度，性格，所有資産などなど，個人の事情は様々です。

ただ保険加入の目的は1つ。
「安心」のためです。「安心」して，がんばるために保険に入るのです。

保険は，その商品性がとても重要です。そして，その商品を選ぶための選択眼が必要です。保険リテラシーというような言い方をしますが，例えば，宝物を探す冒険で，地図やコンパス，暗号を渡されても，その見方や使い方がわからなければ宝物を手にすることはできません。いくつかの情報を自分なりに組み合わせたり応用したりして，自分だけの虎の巻をもつことができた人だけが宝物を手にすることができるのです。保険は宝物とはもちろん違いますが，目的の物を手に入れるという意味では同じように考えられると思います。

本書は，選択眼をもつための情報をご提供していきたいと思っています。売り手や第三者の立場からではなく，加入者の視点で保険を考えていきたいと思って書きました。

思えば，2005年2月，明治安田生命に端を発し，各社で大騒ぎになった「不払問題」。社会問題になりましたので，ご記憶のある方も多いと思います。
複雑化した商品の功罪も盛んに取り沙汰されましたが，同時に，加入者側にも反省すべき点がなかったといえるでしょうか。営業職員の言いなりで，保険の内容もよくわからず加入している人が多いのも，1つの事実です。あの時，私は，保険リテラシーの必要性を感じました。
あれから7年余りが経ちます。残念ながら，経済状況は良いとはいえず，高い保険料の支払いは生活に重くのしかかっています。保険の貯蓄機能に期待して加入したものの，どうやら将来のあてにはならないと気づき始めた人も多いようです。安い保険料でネット販売や通信販売する会社が増えたことなどから

も，保険を見直したいという人もが増えています。一方で，未曾有の東日本大震災を経験した今，保険の重要性を強く感じた人も多いでしょう。

　7年前と比較して，消費者に保険リテラシーは身に付いたのでしょうか？
　なぜだか，保険だけは，内容がよくわからなくても買うし，買ったら買いっぱなし，という人が未だに多いようです。
　保険の加入は，年金や医療などの公的な社会保障制度を知って，不足するところ，不安なところを民間の保険で賄うというのが基本です。不足するところ不安なところは，各ご家庭の状況や考え方によってそれぞれ違います。
　ぜひ，今，もう一度，一人ひとりに正しい知識をもって，未来の安心と豊かさについて考えていただきたきたいと思っています。

　「保険」の本来の目的は，もしもの時に，自分が，家族が，困らないことです。自分や家族がどんな時にお金に困るかを考えること，それが保険を考えるスタート地点です。

　みなさんに，必要な知識を楽しくお伝えするために，2人の人物に登場してもらいます。1人は，会社員の山本さん。先日，女の子が生まれたばかりです。もう1人は，自営業者の桐島さん。2人は同級生で，ともに33歳です。2人の疑問に答えながら，公的年金や保険や将来の資産形成についてお話ししていきます。

　本書が，かつては一家に1冊常備されていた「家庭の医学」のような存在になればいいなあと思っています。そして，「安心」の準備が整ったら，今度はぜひ，「豊かさ」の準備の度に羽ばたいてほしいのです。
　さあ，あなたの「安心」と「豊かさ」を探すストーリーのはじまりです。

　　平成24年1月　　　　　　　　　　　　　　　　　　　　岩城　みずほ

目　次

はじめに
登場人物紹介

第 1 章　生命保険の考え方　　1

❶「保険はよくわからない」というわけは？ ……………………………… 1
❷ まずは公的保障を知る ………………………………………………… 4
❸ 遺族年金について ……………………………………………………… 10
　　(1) 遺族年金─遺族基礎年金・遺族厚生年金・遺族共済年金 …… 11
　　(2) 遺族年金受給資格の不思議 …… 13
　　(3) 遺族基礎年金の支給額 …… 15
　　(4) 遺族厚生年金の支給額 …… 16
　　(5) 事情によって異なる遺族年金の支給 …… 16
❹ 万が一の時に必要なお金を考えてみる ………………………………… 18
　　(1) 保険で準備する金額の計算方法 …… 19
　　(2) 遺族に必要なお金 …… 19
　　(3) 万が一の時に入ってくるお金 …… 21
　　(4) 保険で準備する金額 …… 21
❺ 保険の目的を考える …………………………………………………… 22

第 2 章　生命保険の基礎知識　　27

❶ 生命保険の基本用語と保険料の仕組み ………………………………… 27
　　(1) 生命保険に関する基本的な用語 …… 28
　　(2) 保険契約の仕組み …… 29
❷ 生命保険の基本形─「主契約」………………………………………… 32
❸ 生命保険の「主契約」基本形①　定期保険 …………………………… 34
❹ 生命保険の「主契約」基本形②　収入保障保険 ……………………… 38
❺ 生命保険の基本形「主契約」③　終身保険 …………………………… 39

- ❻ 生命保険の「主契約」基本形④　養老保険 ……………………… 47
- ❼ 「主契約」に付加する「特約」………………………………………… 49
  - (1) 死亡保障に備える特約 …… 50
  - (2) 生前給付型の特約 …… 52
- ❽ 貯蓄性商品についてどう考えるか
  〜教育費はどう貯めるか〜 ……………………………………………… 56
  - (1) 教育費はいくらかかるか …… 58
  - (2) 教育費のための貯蓄法 …… 59
  - (3) 保険の効果的な利用法 …… 59
- ❾ 生命保険の購入方法 ……………………………………………………… 61
  - (1) いろいろな購入方法 …… 63
  - (2) インターネット生命保険 …… 64
  - (3) 生命保険会社が破綻したら …… 66

第3章　医療保険の考え方　69

- ❶ 健康保険の基礎—まずは公的保障を知る ………………………… 69
  - (1) 健康保険の仕組み …… 71
  - (2) 知っておきたい高額療養費制度 …… 72
  - (3) 高額療養費制度から支給を受ける手続 …… 75
  - (4) 高額療養費制度を利用するための注意点 …… 76
  - (5) 高額療養費制度の特例 …… 77
- ❷ 就業不能保険の考え方 …………………………………………………… 80
  - (1) 就業不能保険とは …… 81
  - (2) 仕事ができなくなった時のための保険 …… 83
  - (3) 就労不能リスクを正しく認識する …… 84
- ❸ がん保険の考え方 ………………………………………………………… 84
- ❹ 先進医療 ……………………………………………………………………… 89

第4章　医療保険の基礎知識　　95

❶ 医療保険の考え方 ……………………………………………………………… 95
　(1)　「1入院」…… 96
　(2)　手術給付金 …… 97
　(3)　保険期間 …… 98
❷ その他の医療保険 ……………………………………………………………… 99
　(1)　医療費用保険 …… 99
　(2)　特定疾病保障保険 …… 99
　(3)　介護保険 …… 100
❸ 医療特約について …………………………………………………………… 100

第5章　老後資金の考え方　　105

❶ 老後資金はこう作る ………………………………………………………… 105
　(1)　必要な老後資金 …… 106
　(2)　老後資金をどう用意するか …… 109
　(3)　老後資金に利用されている保険 …… 110
　(4)　保障と投資は別のもの …… 113
❷ じぶんユニバーサル保険を作ろう！ ……………………………………… 115

第6章　保険の入り方　　117

❶ 生命保険の加入の手順 ……………………………………………………… 117
　(1)　**必要保障額の算出** …… 117
　(2)　**契約中の生命保険内容の把握** …… 118
　(3)　**必要保障額と比べる** …… 119
❷ 契約について ………………………………………………………………… 120
❸ 保険の見直し方法 …………………………………………………………… 121

(1) 必要保障額の金額と合っているかをまずチェック …… 121
　　(2) 過不足があった場合 …… 123
❹ 生命保険料控除 ………………………………………………… 127
　　(1) 生命保険料控除の仕組み …… 127
　　(2) 控除される金額 …… 128
　　(3) 控除のために満たすべき要件 …… 130
❺ 生命保険に類似する商品 ……………………………………… 131

第7章　災害対策をどうするか　　　　　　　　　133

❶ 日々の備えをどうするか ……………………………………… 133
❷ 地震保険は加入すべきか ……………………………………… 134
　　(1) 災害時の公的保障 …… 134
　　(2) 地震保険の仕組み …… 134
　　(3) 地震保険金の受領手続 …… 135
　　(4) 保険金を自由に使える保険 …… 138
❸ 災害時の生命保険金支払いは？ ……………………………… 139
❹ 生命保険金の受取りをどうするか …………………………… 140

用語解説 ……………………………………………………………… 145
おわりに ……………………………………………………………… 191

登場人物紹介

山本さん　（33歳）
電機メーカー勤務の会社員。妻は31歳。妊娠を機に退職して今は専業主婦。1か月前に女の子が誕生。
年収550万円。昨年，マンションを購入した。

桐島さん　（33歳）
自営業者。
大学卒業後5年間IT関係の会社に勤めていたが，その後独立。
2年前に結婚，元小学校教師の妻は1つ年上の34歳。
去年まで10年間公立小学校で教師をしていたが，退職。現在は週2～3回学習塾に勤め，資格を取るために専門学校に通っている。

岩城みずほ
金融機関に属さない（つまり金融商品を売ってコミッションを得ていない）独立系ファイナンシャルプランナー。生活者の目線に立って中立なアドバイスや情報発信をしている。売り手と買い手の情報格差がなくなればいいなぁと願っている。

第1章　生命保険の考え方

❶　「保険はよくわからない」というわけは？

山本：
「そろそろ保険について，本気で勉強しようと思います」

岩城：
「何かあったんですか？」

山本：
「はい。実は子どもが生まれたのです。それで，僕も保険に入らなくてはと思いまして」

岩城：
「山本さんは何か保険には入っているのですか？」

山本：
「いや。何も…。だいたい保険のこと全然知りませんし」

　会社員の山本さんが私のオフィスを訪ねてきました。聞けば，山本さんは，会社に来る保険セールスの女性たちに，「父親としての責任」についてこんこんと説かれたそうです。保険セールスの女性たちや，いわゆる大手国内生保といわれる会社がバッシングされる風潮がありますが，少なくとも彼らが保険に出会う可能性を作っていることは事実です。ただ，勧められたまま，保険の内容をよく理解しないで加入するということが大いに問題なのです。安い保険がいいわけではなく，高い保険が悪いわけでもないのです。必要な保険を必要な

だけもつ。当たり前のようですが、こと保険に関しては、言葉の意味がわからないとか、商品が複雑だとか、内容が見えにくいというような理由から、それがなかなか難しいのが現状です。

「保険はよくわからない」そうおっしゃるのも無理はありません。保険について正しい知識を得る機会なんて、学校でも、社会に出てからも、全くなかったわけですから。しかし、私たち日本人の生命保険の加入率は大変高く、「生命保険大国」なんて言われ方をします。平成22年現在の加入率が、男性79.0％、女性79.5％です。

■**生命保険加入率**

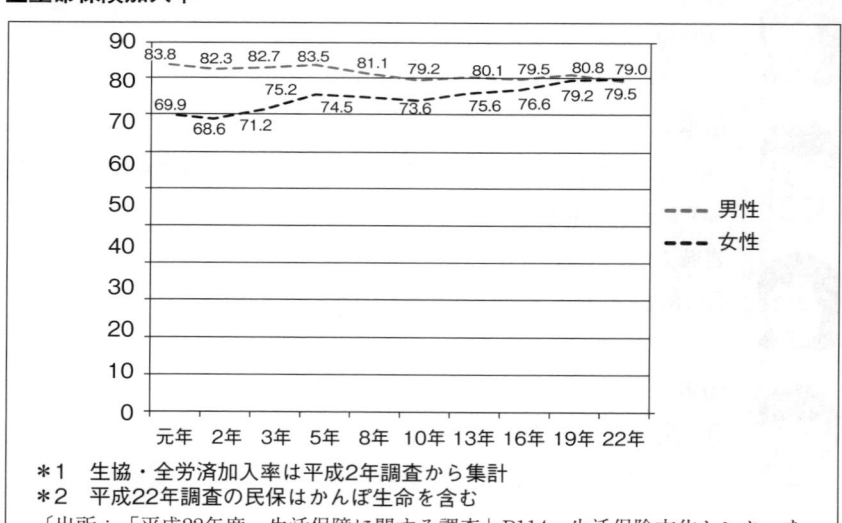

＊1　生協・全労済加入率は平成2年調査から集計
＊2　平成22年調査の民保はかんぽ生命を含む
〔出所：「平成22年度　生活保障に関する調査」P114　生活保険文化センターをもとに作成〕

女性の加入は、年々増加しています。男性は、加入率ピークの平成元年の83.8％から減る傾向にはありますが、その異名通り、依然高い加入率です。なんと、公的保険のないアメリカに次いで世界2位というポジションなのです。しかし、おそらく多くの人が、きちんとした保険の知識をもたずに加入していると思われます。何となく不安だから、よくわからないけど取りあえず、といった感じなのではないでしょうか。

第1章　生命保険の考え方

　それでも，これまでは，保険は高いなあ，なんて思いながらも何となくやってこられていました。でも，今，左のグラフが示している通り，男性の加入率は少しずつ下がり始めています。これは，生活が苦しくなって固定費を減らそうとする人が増えているためではないかと思います。私のところにも，保険を見直したいとご相談に来られるお客様は大勢いらっしゃいます。内容がわかっていない分，必要性も認識できていないわけです。社会全体でも，保険料の支払いが大変だから減らそうという発想でやめていかれるのでしょう。

　一方，女性は，ライフスタイルが多様化し，働く女性が増えたせいで加入率が増加しているのだと予想されます。妻の収入も合わせて家計が成り立っている以上，女性だって万一に備えなければなりません。

　夫婦と子で形成される「標準世帯」が，もはや標準ではなくなっていると，数年前から言われ始めました。晩婚化や晩産化，シングルの選択，高齢化などでライフスタイルが多様化しているためです。多くの選択肢の中から個人が自由に生き方を選ぶことができるというのはよいことだと思います。しかし，一方で，自分らしい選択には多少なりともリスクがつきものです。リスクを十分に想定し，安心を創っていくことが必要になります。また，生産年齢人口の減少で，経済全体も個人の収入も高い伸びは期待できなくなっています。国の財政難も心配です。税金や，年金や健康保険などの社会保険料の負担が増えるのはおそらく避けられないのでしょう。人々は，心の中で，「国にはこれ以上頼れないかもしれない，これからは自己責任でやっていかなくては」とも思っています。

　そこで，生命保険の加入の仕方が非常に大切になってきます。なぜなら，みなさんは，月々の収入の中から，税金や社会保険料を支払い，残りを可処分所得として使っています。生命保険などの私的保険の保険料はここから支払います。過剰な保険料の支払いは使えるお金を減らすことになるのです。

　でも，闇雲に保険を減らすのは危険です。公的な社会保障の内容を知った上で，もしもの時に必要な分だけ私的保険を用意しましょう。言い換えれば，「もしもの時に，あなたやご家族がお金のことで困らないように「保険」をも

っていましょう」ということなのです。

❷ まずは公的保障を知る

山本：
「公的な社会保障か。何となくはわかるけど…」

岩城：
「では，しっかりわかるようご説明しましょう」

桐島：
「こんにちはー」

山本：
「おお，久しぶりだな！」

桐島：
「ちょうど僕も**個人年金保険**のこと聞きたかったんです。岩城さん，いっそのこと，**国民年金**やめて，変額年金に入ろうか思ってるんです。だってさ，年金，これからどうなるかわかんないしね。すごくいいのを勧められたんだ」

岩城：
「桐島さん，国民年金はやめられませんよ。20歳になったら日本国民は全員入らなければなりません。国民みんな加入するので「皆年金（かいねんきん）」といわれています。国民保険料の支払いは，国民の義務。それに，国民年金って，**老齢年金**だけじゃないの。ケガや病気で心身に障害が残ったりすれば**障害年金**がもらえるし，万一のことがあれば，遺族は遺族年金を受け取ることができます。

第 1 章　生命保険の考え方

公的年金制度を理解してムダなく保険に加入しなくちゃ」

山本：
「そうなんですか。でも，僕はサラリーマンだから**厚生年金**。桐島は，自営業者だから国民年金でしょう？　なんか違うの？」

桐島：
「まずは保険料が違うだろう？　夫婦で月々3万円は結構，負担感があるんだよね」

山本：
「そうか。僕の場合は，給料から天引きされているから全く普段は忘れてるな。実は金額も知らない…」

　確かに，国民年金のほうが，負担感が大きいようです。厚生年金と共済年金の保険料は，給料から天引きされるので，保険料の未納問題は少ないのですが，国民年金では，未納の人が増える傾向にあるようです。

　では，始めます。まず，公的年金には3つの種類があります。職業によって加入する制度が違うので，自分がどこに属するかを知りましょう。下のマップをご覧ください。

夫が自営業者の場合			夫がサラリーマンの場合		
妻の職業は？			妻の職業は？		
公務員等	会社勤め	専業主婦・家業手伝い	公務員等	会社勤め	専業主婦
夫	夫	夫	夫	夫	夫
国民年金	国民年金	国民年金	厚生年金 国民年金	厚生年金 国民年金	厚生年金 国民年金
妻	妻	妻	妻	妻	妻
共済年金 国民年金	厚生年金 国民年金	国民年金	共済年金 国民年金	厚生年金 国民年金	国民年金
		桐島			山本

　山本さんは厚生年金（第2号被保険者）で，専業主婦の奥さんは国民年金の

第3号**被保険者**です。桐島さんは国民年金の**第1号被保険者**，奥さんも同じく国民年金の**第1号被保険者**です。

　例えば，桐島さんの奥さんが会社に就職をされれば厚生年金に加入することになります。小学校の教師に復帰されれば共済年金に加入します。ちなみに，公務員の妻が専業主婦の場合は国民年金第3号被保険者になります。

　年金は，保険料を20歳から最低25年間払い続けなければ受け取ることはできません。60歳のお誕生日を迎えるまで40年間払い続けると老齢基礎年金が満額受け取れます。現在，老齢基礎年金額は月額約6万6,000円程（平成24年度の基本年額）。65歳から亡くなるまで受け取ることができます。

　老齢基礎年金の計算式は次の通りです。

【平成24年度の基本額】

(年額)

$$786{,}500\text{円} \times \frac{(保険料を納付した月数)+(保険料免除月数)\times(免除の種類^{*}に応じて 7/8～1/3)}{(加入可能年数)\times 12}$$

※　免除の種類については P109 参照
※　昭和16年4月2日以降生まれの人は40年間加入していないと満額はもらえない。加入可能年数は20歳から60歳になるまで40年間が原則。生年月日に応じて短縮される措置がある。

　もし，保険料を納付していなかったなどで老齢基礎年金の**受給資格期間**を満たすことができなかった場合は特別措置があります。満額に近づけるために保険料納付が認められていますので，ぜひ窓口にご相談してみてください。

　厚生年金と共済年金は，1階が基礎年金で，その上に報酬比例部分があります。報酬比例部分は，支払った保険料に応じて違います。保険料は収入（税込み，ボーナス込み収入）に定率をかけたものなので，収入が多い人ほど高くなります。現在の標準報酬月額は，第1級（9万8,000円）から第30級（62万円）までの30等級に分かれています。保険料は，労使折半といって加入者と事業主が半分ずつ負担しますので，収支を考えるとお得です。受給資格がある人は，

基礎年金に報酬比例部分が上乗せされて受け取ります。共済年金は，さらにその上に職域加算があります（平成24年現在）。

　国民保険の第3号被保険者（会社員の妻，公務員の妻で年収130万円未満の人）は，現在，保険料の支払義務はありません。65歳になれば基礎年金を受け取ることができます。主夫も同様です。

　国民年金，厚生年金，共済年金の違いについて表にまとめてみました。

	国民年金	厚生年金	共済年金
加入者	自営業者，学生，専業主婦など	サラリーマン，OL，船員など	公務員，教員など
	20歳以上60歳未満の国内在住者	国民年金にも同時に加入する	国民年金にも同時に加入する
保険料の支払方法	本人持参・振込・口座振替・インターネット等	給与天引きで支払う	給与天引きで支払う
支払期間	原則として20〜60歳に達するまでの40年間	在職中（最長70歳まで）20歳未満も支払う	在職中（私学共済は最長70歳まで）20歳未満も支払う
支給額（年額）	最高78.89万円（平成23年度）	約150〜250万円（基礎年金と厚生年金の合計）	約160〜270万円（基礎年金と共済年金の合計）
	加入期間によって異なる	加入期間・生年月日・在職中の平均収入額で個人差がある	加入期間・生年月日・在職中の平均収入額で個人差がある
支給開始時期	65歳から一生涯 支給開始を60歳から繰上げ，70歳まで繰下げできる。	満額の年金は段階的に61歳から65歳へと支給開始年齢が引き上げられている	満額の年金は段階的に61歳から65歳へと支給開始年齢が引き上げられている
相談・問い合わせ先	日本年金機構の年金事務所（旧社会保険事務所）Or市町村役場	日本年金機構の年金事務所（旧社会保険事務所）	各共済組合の本部・支部

桐島さんのように，国民年金制度は老後の年金だけと思っている人が多いようですが，例えば，障害を負った時の障害年金，死亡した時の遺族年金の3種類の給付があります。下の表をご覧ください。

【公的年金の種類】

老齢年金	原則的に受給資格を満たした65歳以上の全員がもらえるのは老齢基礎年金。会社員は，老齢厚生年金が上積みしてもらえる。公務員は退職共済年金が上積み。
加給年金	年金版の扶養家族手当のようなもの。厚生年金に20年以上加入し，65歳未満の妻，高校生卒業までの子がいる場合にもらえる。妻を対象にした加給年金額は，夫の生年月日で6ランクに分かれている。子を対象として加算される加給年金額は一律で，3人目以降は加算される。妻が年金を受け取る場合でも，夫や子を対象にして加給年金が加算される場合がある。
遺族年金	夫などが亡くなった時，遺族がもらえる年金。ベースになるのは遺族基礎年金。子のある妻または子には遺族基礎年金が支給される。会社員は，その上に遺族厚生年金が上積みされる。公務員は遺族共済年金が上積み。子のない妻には，遺族基礎年金は支給されず，死亡一時金または寡婦年金が支給される。
寡婦年金	自営業者の妻などが，一定条件を満たせば60歳以降65歳までもらえる。年金額は，夫の第1号被保険者期間だけで計算した老齢基礎年金の4分の3。
障害年金	ケガや病気で障害が残った時にもらえる年金。ベースになるのは障害基礎年金。日常生活が困難な1，2級の障害を負った時，障害基礎年金が支給される。会社員は，その上に障害厚生年金が上積みされる。公務員は障害共済年金が上積み。障害厚生年金と障害共済年金は，労働が困難な3級の障害の時にも支給される。3級より軽い障害の場合は，一時金として厚生年金からは「障害手当金」，共済年金からは「障害一時金」が支給される。

※いずれも受給要件があります。「子」とは，未婚で18歳到達年度末日までの子，20歳未満で1，2級の障害状態にある子をいいます。共済年金では，1，2級の障害状態にある子について年齢制限はありません。

　国民年金保険料の未納が問題になっていますが，国民年金第1号被保険者の人で，収入が少ない人や，失業などで保険料を納めるのが困難な人を救済する多段階免除制度というものがありますのでぜひ知っておきましょう。申請すれば保険料が免除されたり，猶予される場合があるので，該当する窓口でご相談してみてください。免除された期間は，年金を受給するための受給資格期間に

算入されます。免除期間は，事故や病気などで心身に障害が残った場合，障害基礎年金を受け取ることができます。年金額は，保険料を全額納めた場合より**減額**されますが，追納といって，10年以内であればさかのぼって保険料を納付することができます。

■**保険料の免除**

|全額免除| 保険料の全額（月額15,020円，平成23年度価格）を免除します。
|一部免除| 保険料の一部を納付し，残りを免除します。

※免除された保険料を追納することで，将来の年金額を満額に近づけることができます。

■**免除期間の年金額と免除の対象となる所得（収入）の目安**

	全額免除			3/4免除			1/2免除 （半額免除）			1/4免除		
免除期間の 年金額 （ ）内は国庫 負担1/3の期間	1/2 (1/3)			5/8 (1/2)			3/4 (2/3)			7/8 (5/6)		
	4人 世帯	2人 世帯	単身 世帯	4人 世帯	2人 世帯	単身 世帯	4人 世帯	2人 世帯	単身 世帯	4人 世帯	2人 世帯	単身 世帯
対象となる 所得（収入） の目安	162 万円 (257 万円)	92 万円 (157 万円)	57 万円 (122 万円)	230 万円 (354 万円)	142 万円 (229 万円)	93 万円 (158 万円)	282 万円 (420 万円)	195 万円 (304 万円)	141 万円 (227 万円)	335 万円 (486 万円)	247 万円 (376 万円)	189 万円 (296 万円)

※4人世帯は夫婦・子2人（子はいずれも16歳未満），2人世帯は夫婦のみの場合。

猶予制度には，学生納付特例制度，若年者納付猶予制度（平成27年6月末までの時限措置）があります。若年者納付猶予制度は，30歳未満で所得基準は全額免除基準と同額です。納付が猶予された保険料は10年以内に追納すれば，年金額に反映されます。猶予期間中に1，2級の障害を負った場合は障害基礎年金が支給されます。平成17年4月より，平成3年3月以前に国民年金に任意加入しなかった学生で，1，2級の障害に該当する人を救済する「特別障害給付金」制度が始まりました。

以上のように，公的年金制度は，なかなか頼りになる制度なのです。私たちは，毎月，少なくはない保険料を納めているのですから，制度の内容をよく把握しておきましょう。私的保険への加入の基本的な考え方は，『公的保障制度

で不足する部分を自助努力で補う』です。万一のことがあったとしても，例えば，お子さんの進学など，ご家族のライフプランがなるべく希望通りに叶うように，その保障として保険加入を考えていくわけです。

❸ 遺族年金について

山本：
「なるほど。公的年金制度がどういうものなのかはわかりました。公的年金制度を知ってから保険に入るという意味もわかった。公的保障でカバーできない分は自分で保険に入るってことですね。じゃあ，遺族年金っていうのは一体いくらくらいなの？」

岩城：
「そうね，見ていきましょう。遺族年金には，**遺族基礎年金**，遺族厚生年金，遺族共済年金の3つがあります。どの遺族年金を受け取れるかは，亡くなった人の年金制度や遺族の年齢や家族構成によって違います」

桐島：
「**老齢年金**だけじゃなくて，ここでも差がつきますか」

岩城：
「そうね，一般的に自営業者の方がより自助努力が必要といわれますね。ただ，子どもがいない，奥さんにある程度の収入があるなどの場合は，必ずしも大きな金額が必要でない場合もあるので，必要保障額は，人それぞれです」

山本：
「そうか，保険会社の人に勧められたまま何となく金額を決めると，過不足が出てくる可能性があるってことですね」

岩城：
「不足はあんまりないとは思いますが…」

山本：
「僕にもしものことがあったらどのくらい遺族年金がもらえるか計算してくださいよ」

岩城：
「はい。では，詳しく見ていきましょう」

(1) 遺族年金―遺族基礎年金・遺族厚生年金・遺族共済年金

　万一のことのための保険料はできるだけムダをなくしたいと思いませんか？かつてはお金を増やすことができていた保険も，今は保険でお金は増えない時代です。それならば，違う方法でお金を増やしていったほうがいいでしょう。保険は保険。貯蓄とは切り離して，必要な分だけをもちましょう。

　あなたに万一のことがあった時の保障は次のようになります。
まず，大きな柱は，遺族年金などの国の保障（公的保障）。さらに，会社員などは，死亡退職金や弔慰金など会社が保障してくれる企業保障があります。

　これ以外に，自分でさらに準備をする預貯金や生命保険を個人保障と位置付けます。

　公的保障 ＋ 企業保障 ＋ 個人保障 ＝ 万一の時あなたを支えるお金

　でも，保険料を滞納していては遺族年金を受け取ることはできません。原則として，保険料納付済期間（保険料免除期間を含む）が加入期間の3分の2以上あることが必要です。

　例えば，桐島さんの場合，現在33歳，27歳まで6年間保険料を払っていたけれど，28歳からずっと保険料を払っていないとします。すると，滞納期間は5年間。全体の3分の1以上滞納していることになるので，遺族基礎年金は

受け取れません。ただし，平成28年4月1日前に死亡した場合は，死亡月の前々月までの1年間に保険料の未納がなければ受給できるという特例があります。

では，2人に万一のことが合った場合，遺族年金は一体どのくらい受給できるのかを見ましょう。

山本さんの場合

万一のことがあれば，奥さんは，「子のある妻」なので，遺族基礎年金と遺族厚生年金を受け取れます。遺族基礎年金は，夫が死亡した時（遺族になった時），「子のある妻」または「子」が受給できる制度です。「子」とは，18歳のお誕生日を迎えた年の年度の末日までをいいます。または20歳未満で，1，2級の障害状態の子（共済年金では1，2級の障害状態にある子に年齢要件はありません）です。いずれも未婚であること。「子のある妻」とはこれらの子と生計を同じくしていることが条件です。

会社からの保障は，それぞれ異なりますが，支給されるのは，死亡退職金や弔慰金，見舞金，維持育英年金などです。

桐島さんの場合

子どもがいないので遺族基礎年金は受けることができません。「子のない妻」や，すべての子が18歳到達年度末日を経過してしまった妻は，遺族基礎年金を受給できないのです。**第1号被保険者**として老齢基礎年金を受給する資格のある夫が，老齢基礎年金も障害基礎年金も受給しないまま亡くなった場合で，10年以上婚姻期間（事実婚でも可）がある，生計維持関係にあるなど要件を満たせば，妻が60歳～65歳まで寡婦年金が受け取れます。保険料納付期間が25年に満たない場合でも，36月以上保険料を納めていれば，納付した期間に応じて死亡一時金が受け取れます。

第1章　生命保険の考え方

■遺族給付金

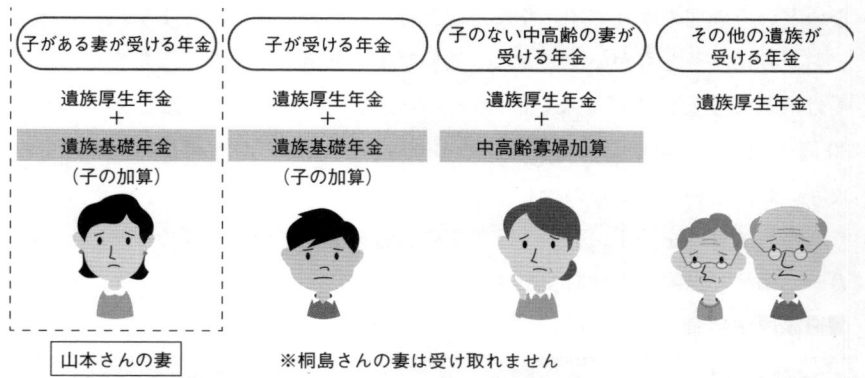

(2) 遺族年金受給資格の不思議

　考えてみると，「妻」という座は，大変に守られていますね。遺族基礎年金は，「子のある妻」か「子」しか支給されません。年収が850万円未満であれば，再婚しない限り，「子のある妻」には支払われます。ライフスタイルが多様化する中で，妻が働き，夫が主夫をしているといる方もいらっしゃいますが，でも，「子のいる夫」には支給されないのです。

　遺族厚生年金のほうはといいますと，**被保険者**が死亡した当時，生計を維持されていたら，配偶者，子，父母，孫，祖父母にも受給権があります（ただし年齢要件あり次頁参照）。優先順位は，妻，子，夫，父母，孫，祖父母となります。先の人が受け取ると，次の順位の人は受け取ることができません。たとえ先の順位の人が受給権を失ったとしても次の人に引き継がれるということもありません。しかし，ここでも夫には厳しいのです。夫が受け取れるのは，妻が死亡した時に55歳以上であることが条件です。しかも受給できるのは60歳になってからです。

　18歳到達末日までの未婚の子がいる場合は，子に受給権が発生しますが，父がいるため支給停止になりますので，遺族基礎年金は受け取ることはできません。遺族基礎年金は，夫には受け取る権利はありませんので，「子のある妻」

でない子，つまり「子のある夫」であるところの「子」も受け取ることができないという理屈のようです。なんだかとっても不公平な気がしますね。

ちなみに，子どもがいない妻は，遺族厚生（**共済**）年金を，もちろんすぐに受け取れますし，再婚しない限り一生もらえます。でも，夫死亡時に年齢が30歳未満だと5年間だけの支給になります。まだ若いから新しい人生を歩みなさいね，ということなのでしょうか。

家事，子育てを一手に引き受け，妻の就労を支えている男性の方々，どうか万一に備えて保険をご検討ください。

■遺族厚生年金

優先順位	受給権者	年齢要件
第1順位	配偶者，子	妻，子，夫の順で優先 妻…年齢要件なし 　　夫死亡時（子のない妻になった時）に 　　30歳未満の妻へは，5年間有期給付） 子…18歳到達年度の末日までの者（1級または2級の障害状態の場合は20歳未満）で婚姻していないこと。被保険者等の死亡当時胎児であった子が生まれた場合はその時から。 夫…55歳以上の者（支給は60歳から）
第2順位	父母	55歳以上（支給は60歳から）
第3順位	孫	18歳到達年度の末日までの者（1級または2級の障害状態の場合は20歳未満）で婚姻していないこと
第4順位	祖父母	55歳以上（支給は60歳から）

(3) 遺族基礎年金の支給額

では，遺族基礎年金は実際どのくらいの金額なのかを見てみましょう。

■従前額保障の年金額（平成23年度）

	子の数	基本額	加算額	合計額
子のある妻が受給	1人	788,900円	227,000円	1,015,900円
	2人	788,900円	454,000円	1,242,900円
	3人	788,900円	529,600円	1,318,500円
子が受給	1人	788,900円	—	788,900円
	2人	788,900円	227,000円	1,015,900円
	3人	788,900円	302,600円	1,091,500円

※子の数が上記より多い場合は，以降1人につき75,600円が加算される。
※子が受給する遺族基礎年金は，上記表中の合計額をこの数で除して100円未満を四捨五入した額が1人当たりの額になる。

〔出所：日本年金機構ホームページより〕

遺族基礎年金は「子のある妻」が優先されますので，その間，子どもは支給停止になります。妻がいなければ，子が受け取ります。

2人がどのくらい受給できるのか計算してみましょう。

まずは，自営業者の桐島さんですが，奥さんは40歳未満，お子さんもいらっしゃらないので遺族基礎年金はなし。受け取れるのは，一時金だけです。一時金は，保険料の納付済みの期間に応じて12万～32万円ですが，桐島さんは，**第1号被保険者**としてこれまで90か月納付期間があるため12万円になります。

会社員の山本さんの遺族基礎年金は，お子さんがお1人なので，表から101万5,900円（平成23年度）とわかりますね。お子さんが18歳になって最初の3月末を迎えるまでは，この金額が受け取れます。一般的には高校卒業までということです。途中で，例えば留学や留年などをして卒業が遅れたとしても，この年齢に達したら支給は終わります。遺族厚生年金は計算すると，年額33万6,500円でした。お子さんが18歳になるまでは，年額135万2,400円。月額にすると11万2,700円です。この他，山本さんは会社から，死亡退職金や弔慰金などで400万円が受け取れます。会社独自の制度については，事前に調べ

ておきましょう。

(4) 遺族厚生年金の支給額

遺族厚生年金は次のように計算します。

遺族厚生年金の額＝｛平均標準報酬月額×7.50/1000×平成15年3月までの被保険者期間の月数＋標準報酬月額×5.769/1000×平成15年4月以降の被保険者期間の月数｝×1.031×0.981×3/4

（平成24年3月時点）

※山本さんは，平成15年3月までの平均標準報酬月額が18万円，加入月数24月。平成15年4月以降の標準報酬月額27万963円，加入月額108月です。ただし，加入月数が300月に満たない場合は300月として計算しました。

遺族基礎年金は，一定額で一定期間の年金ですが，遺族厚生（共済）年金は条件を満たしている限り一生涯もらえます。年金額は，在職中の収入などで違います。目安としては，老齢厚生（退職共済）年金の4分の3相当額で，加入期間と平均収入に比例しています。

確認しておきたいポイントは，もらえる遺族年金の種類，期間，おおよその金額です。

(5) 事情によって異なる遺族年金の支給

では，ここで，誰が，どのような遺族年金を，どの位の期間受けられるのか見てみましょう。

① 会社員の夫が死亡　子どものいる妻が残された場合

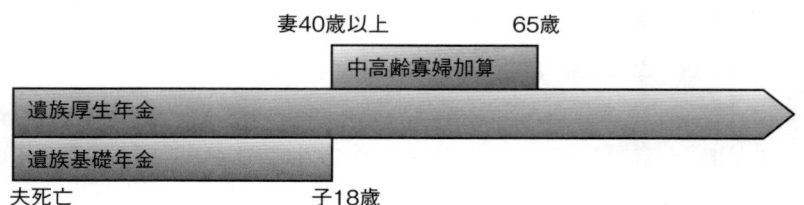

※ 子が18歳到達年度の末日まで遺族基礎年金と遺族厚生年金が受け取れます。
※ 子が18歳になった時，妻が40歳以上であれば，64歳まで（自分の老齢基礎年金が受けられるまで）中高齢寡婦加算がつきます。（昭和31年4月1日生まれの妻には65歳以降は経過的寡婦加算がつきます）

② 会社員の夫が死亡　子どもがいない妻が残された場合

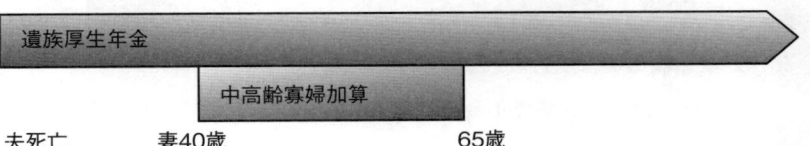

※ 夫の死亡時，妻が30歳未満の場合，遺族厚生年金は5年間だけの有期年金です。
※ 夫の死亡時，妻が30歳～39歳の場合，遺族厚生年金を一生涯受けられます。
※ 夫の死亡時，妻が40歳以上の場合，遺族厚生年金を一生涯受けられます。さらに64歳まで（自分の老齢基礎年金が受けられるまで）中高齢寡婦加算がつきます。（昭和31年4月1日生まれの妻には65歳以降は経過的寡婦加算がつきます）

③ シングルファザー（会社員）が死亡　残された子どもは1人

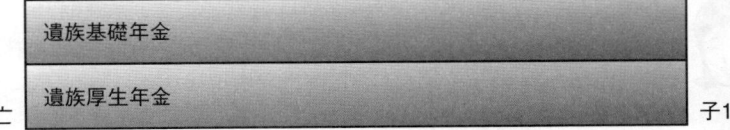

※ 子が2人いれば，上の子が18歳までは，遺族基礎年金は，1,015,900円。それからは788,900円が下の子が18歳まで支給されます。遺族厚生年金は，子の人数で均等に分割されます。

④ シングルファザー（自営業者）が死亡　残された子どもは1人

父死亡　｜遺族基礎年金　　　　　　　　　　　　　　　｜子18歳

※　子が2人いれば，上の子が18歳までは，遺族基礎年金は，1,015,900円。

⑤ 会社員の妻が死亡　夫と子が残された場合

妻死亡　｜遺族厚生年金　　　　　　　　　　　　　　　｜子18歳

※　55歳未満の夫は受け取れません。
　　父子家庭は，遺族基礎年金は対象外。

⑥ 自営業者の妻死亡　夫と子が残された場合

受給できる年金はありません。

※　要件に当てはまれば，死亡一時金が受け取れます。

❹ 万が一の時に必要なお金を考えてみる

山本
「なるほど，働き方によってだいぶ違うんですね」

岩城
「そうですね。それに，若いうちに亡くなると遺族年金の金額が少ないので，若くてお子さんが小さいうちは，やはり保険で十分な保障をもつ必要があります」

山本
「子どもの教育費もたくさんかかりそうだしな。娘は，中学校から私立に行かせたいな。結婚費用も100万円くらいは準備してあげたいなあ」

第 1 章　生命保険の考え方

桐島
「もう結婚か？　気が早いな。だけどさ，残すお金はたくさんあればもちろん安心だけど，大きな保障をもてばそれだけ保険料だって高くなるってことでしょう？」

岩城
「ええ。生命保険は，万一の時に必要になるお金を補うものなので，まず，何に，いつまで，どのくらいのお金が必要かを具体的に考える必要があります。例えば，子どもが独り立ちするまでをカバーすればよいのか，それとも奥さんが年金をもらえるようになるまでなのか，あるいは一生涯なのか。それによって保険の持ち方も変わってきますよ」

桐島
「そうか，根拠をもって金額を決めるんだな。だとすれば，これからいくらお金が必要なのかを知らなければいけないってことですね」

岩城
「基本的には，必要になるお金から，入ってくるお金や，すでに準備できているお金を差し引いて，足りない分を生命保険金額にすればいいわね。では必要になるお金を具体的に見ていきましょう」

(1) 保険で準備する金額の計算方法

| 遺族に必要なお金 | － | 万が一の時に入ってくるお金 | ＝ | 保険で準備する金額 |

　残された家族に必要になるお金というのは，生活費や学校の費用などです。入ってくるお金というのは，**遺族年金**などの公的保障や会社からもらえる死亡退職金や弔慰金，そして今ある預貯金などです。

(2) 遺族に必要なお金

　では，山本さんのご家族が必要になるお金はどのくらいなのか計算してみま

しょう。
- 生活費は，現在月28万円
- 昨年，マンションを購入　**団体信用生命保険**（団信）に加入している
- 奥さんは，31歳，専業主婦，娘が3歳くらいになったらまた仕事をするつもり
- 娘は，中学校から私立に行かせたい
- 娘の将来のために，結婚費用を100万円くらい準備しておきたい

お嬢さんが，23歳に独立するとして，これから23年間の生活費は，現在の7割で計算します。その後，奥さんが1人になると半分で考えます。奥さんの働き方によって変わってきますが，まず働かない想定で，つまり最大でいくら必要なのかを算出してみましょう。

【山本家で必要になる金額】

必要なお金	金額	算出方法
家族の生活費　娘の独立まで（妻54歳）まで	約5,410万円	23年後の23歳に独立するとして，生活費月額28万円×0.7×12か月×23年
長女独立以降	約5,208万円	妻の1人暮らしが55歳から86歳（平均寿命）までとして，28万円×0.5×12か月×31年
長女の学費	約1,817万円	中学校から私立，大学は私立文系に自宅から通った場合
結婚資金	100万円	100万円援助する
住居の修繕費用	650万円	
葬儀費用	520万円	葬儀費用，お墓の費用としての金額
相続費用	100万円	不動産登記の変更などを専門家に依頼した場合
予備費用	300万円	
合計	1億4,105万円	

※教育費は，文部科学省「子どもの学習費調査」（2008年度）日本生活支援機構「学生生活調査」（2006年度）より試算

第1章　生命保険の考え方

必要なお金は1億4,105万円！　すごい金額です。

(3) 万が一の時に入ってくるお金

次に，万一の時に入ってくるお金を見てみましょう。今，山本家の預貯金は200万円です。

【万が一の時に山本家に入ってくる金額】

入ってくるお金	金額	内容
長女が18歳まで18年間	約2,422万円	遺族基礎年金と遺族厚生年金
妻50歳〜64歳まで14年間	約1,290万円	中高齢寡婦加算と遺族厚生年金
妻65歳〜平均寿命86歳まで21年間	約1,976万円	老齢基礎年金と遺族厚生年金
企業保障	400万円	死亡退職金，弔慰金など
自己資産	200万円	預貯金
合計金額	6,288万円	

(4) 保険で準備する金額

これをもとに不足額を計算すると，
1億4,105万円　−　6,288万円　＝　7,817万円
です。これが保険で準備をする目安となります。でも，考えてみてください。例えば，お子さんの進路をすべて公立として計算するのと500万円以上の差が出ます。さらに，これは奥さんの収入を入れていません。ですから，とても大きな金額になったということです。奥さんが健康ならば，一生働かないということは考えにくいことですし，そのあたりのことをよく考えて試算しましょう。7,000万円の保険をもつと，保険料は相当な額になってしまいます。もしもの時の保険料のために生活が苦しくて，預貯金もできないなんて本末転倒ですからね。

❺ 保険の目的を考える

山本
「僕は、子どもが生まれたから保険に入ろうかと思ったわけだけど、子どもがいなければ特に保険は必要ないってことですか？」

桐島
「うちの弟は、まだ独身だけど保険に入っているよ。たしか 3,000 万円とか言っていたな」

岩城
「え？ 独身で 3000 万円？！ 何のために……。保険の加入は、なぜ保険に入らなければならないのか、預貯金ではなく保険が必要な理由というのを考えたいものです。多くの人は、万一の時の残された家族の生活ため、自分がケガや病気をした時のために保険に入ろうと思うでしょう？
それで、弟さんはどんな保険に入っているのかしら」

桐島
「三大成人病になったら何百万円とか、入院したら 1 日いくら出るとか言ってましたけど」

岩城
「**死亡保険**と**医療保険**がパッケージになっている保険ですね。山本さんが、会社でセールスの人にもらった設計書みたいな保険かしら。パッケージになった保険は、至れり尽くせりで、一見万能選手のように見えるかもしれないけど、目的に応じて最適の保険を見つけていくほうが、安く保障をもつことができると思います」

山本
「だけど、お前の弟って、たしかまだ 25 歳だよな。3,000 万円ってすごくないか？」

桐島
「うん,でも保険料はそんなには高くないって言ってたよ」

岩城
「若い人の保険料が安い理由はちゃんとあるわよ」

山本
「高くないってどのくらい?」

桐島
「月1万円ちょっとって言っていたかな」

山本
「……十分高い気がするけど。お前の弟って金持ちだな」

桐島
「そうでもなくってさ。お金が足りないってよく借りにくるよ。貯金もゼロだっていってたし」

山本
「それこそ本末転倒じゃないか??」

　確かに,桐島さんの弟さんは,保険のもち方に問題がありそうですね。保険のもち方は,人それぞれの考え方によって変わってきますが,保険の目的別に目安になる保障額と保険の種類を知りましょう。もちろん,公的保障制度を前提にした場合の金額と保険の種類です。

保険の目的	保障額の目安	保険の種類
ケガや病気をした時のため	1日当たり 5,000～10,000 円	医療保険
万一の時の遺族の生活保障のため	3,000 万～5,000 万円	定期保険
葬式代のため	200 万～300 万円	終身保険

　残される遺族がいない場合は，もちろん死亡保障は必要ありません。預金すれば済むことですが，どうしても保険をもちたいというのであれば，お葬式代として**終身保険**を考えてもいいでしょう。遺族の生活保障のための保険がなぜ**定期保険**なのかは後ほど詳しく述べます。医療保険は，入院をした時，自分がどういう治療を受けたいかによって保障金額が違ってきます。でも，みなさんはすでに健康保険に加入しています。医療保険の入り方も，死亡保険の考え方と基本は同じです。公的保障で不足している部分を自助努力で補うということになります。医療保険の入り方については第3章で詳しくお話しします。

　では，次に，保険料の話をしましょう。

　保険料は年齢が上がるにつれて高くなるので，若いうちは安いと感じるかもしれませんが，若いと安い理由はちゃんとあります。一般的には**死亡率**が低いからです。（若年齢層においては加齢とともに死亡率が下がるケースもあります）25歳の男性の死亡率は，生命保険会社が生命保険料を算出するために使っているデータでは，0.082 ％（生保標準生命表2007より）です。厚生労働省が発表している数字では0.067 ％となっています。40歳男性では0.14 ％（平成20年簡易生命表より）です。

　生命保険の保険料の算出はとても複雑で，年齢，性別の**予定死亡率**や予定入院率など様々なデータを使って**アクチュアリー**が算出しています。年齢に比例して，病気になったり死亡したりする確率も高まってくるので，この将来のリスクを加入者に負担してもらうという仕組みで，保険料が決まってきます。

　でも，桐島さんの弟さんのように，高い保険料を支払って，お金が足りなくてちょくちょく借りにくるという生活はどうなのでしょう。死亡する確率より，生活費が足りなくなる確率のほうが高そうですね。保険は必要最小限にして，

ぜひ貯蓄をして欲しいものです。まあ，それはともかく，そもそも日本は保険加入率が高いということはお話ししました。

　年間の払込保険料（**個人年金保険**の保険料も含む。**一時払い**で払い込まれる保険料は除く）の平均は男性が約25.4万円，女性が18.5万円だそうです。でも，これくらい払わなければ安心は買えないってことか，などと思わないでくださいね。今は，ネットや通販で買える保険など安いものあるので，もし，ご自身の保険が割高だと感じたら，ぜひ，比較してみてください。ネット生保などのHPでは，保険料の比較や，必要保障額なども，簡単にシミュレーションできるので試してみるとよいでしょう。誰にも知られることがないので，年収とかあまり言いたくない情報も正確に入力することができますし，様々なパターンで試してみることができます。例えば，山本さんの場合，奥さんの年収を180万円として試算してみると，必要保障額がぐんと減ることに驚かれると思います。今は，働いている女性も大変増えていますが，妻の収入があるとないのでは，家計に大きな差が出るというのは間違いないようです。

　　ネクスティア生命　https://www.nextialife.co.jp/
　　損保ジャパンDIY　https://www.diy.co.jp/
　　ライフネット生命　https://www.lifenet-seimei.co.jp/

　さて，必要保障額，保険の目的がおわかりいただけましたでしょうか。でももう1つ。必要保障額は変わってくるということを考えてみましょう。そもそも保険加入の目的は，「万一のことに備えて」ですが，十分な貯蓄があればもちろん必要ありません。備えが十分でないから，私たちは保険に入ります。預貯金で十分なお金を作るのは長い時間がかかりますが，保険は加入した瞬間から必要な額が保障されるからです。つまり，保険は時間を買っているともいえます。山本さんの現在の必要保障額は，奥さんの収入を考えないで，約7,000万円としましたが，この金額も，お子さんの成長とともに減少していきます。山本さんが日々の責任を果たしていくことで，保険に頼る部分は減っていくと

いうことです。保険料をムダにしないために，何年かごと，ライフプランごとに見直しをする，あるいは，必要保障額が年月とともに逓減していくタイプの保険を選ぶとよいでしょう。

　では，第2章では，どういう保険を選んでいけばいいのかを考えていきましょう。

第2章　生命保険の基礎知識

❶　生命保険の基本用語と保険料の仕組み

山本
「昼休みになると，生命保険会社の人がたくさん来るけど，説明を聞いても全くわからない。そもそも言葉がわからないし，生命保険って複雑ですよね」

岩城
「一見複雑そうに見えるけど，基本的な作りはとても簡単ですよ。保険会社の人がもってくる生命保険って，**『主契約』**に**『特約』**が付いたものがほとんどですから。基本になるのが主契約，それに特約がくっつく形です。山本さんが勧められている保険も，生命保険会社の人が山本さんのために作ってきてくれたプランなんですね。例えば，主契約の**終身保険**に特約で**定期保険特約**を付けたり，医療保障を付けたりするわけです」

山本
「オーダーメイドってわけか。僕が頼んだわけじゃないけど」

岩城
「ええ。はじめから主契約と特約がセットになって販売されているものもあるけど」

山本
「でも，終身保険に定期保険特約を付けるって何のために？　全部終身保険じゃだめなの？　終身保険って死ぬまで保険が続くわけですよね。そのほうがいいじゃない？」

岩城
「終身で大きな金額の保険をもっておければ安心よね。でも，全部を終身保険にできないのにはわけがあります」

桐島
「わけ？　ああ，値段？・・・終身保険と定期保険ってどのくらい違うんだろう」

岩城
「なぜ，値段が違うかは，保険の仕組みがわかれば理解できます。基本的な仕組みがわかれば，自分がどんな保険に入っているのかわかるし，これから加入しようとする人も，いろいろな商品を比較検討できるようになりますよ」

桐島
「何しろ，私的保険は，公的保険で不足している部分を補うものだから，内容が理解できていないと検討のしようもないわけですね」

岩城
「その通りです。目的にあった保険をムダなくもつためにぜひ，保険リテラシーを身につけましょう！」

(1) 生命保険に関する基本的な用語

では，生命保険について理解するためにまず基本的な用語をおさえましょう。

① 生命保険の保険料

保険に加入したら，保険会社に支払うお金のこと。契約が成立すると，契約者は保険料支払いの義務を負います。

② 生命保険金

死亡や高度障害など**保険事故**に該当した時，もしくは満期まで生存した時に保険会社から受取人に支払われるお金です。保険金などの支払いを約束された事故ということで保険事故といいます。満期までの生存も保険事故にあたります。

③ **保険契約者**

保険会社と保険契約を結び，契約上の権利と義務をもつ人。生命保険料を支払う人です。契約後に変更することもできます。

④ **被契約者**

その人の生死や病気，ケガなどが保険の対象となっている人のこと。**被保険者**は原則として変更することはできません。

⑤ **受取人**

生命保険金が支払われる人。**保険契約者**によって指定された人です。契約後に変更することもできます。

(2) 保険契約の仕組み

生命保険契約には，契約者，被保険者，受取人の３人が存在していますが，契約者と被保険者が同じ場合や，契約者と受取人が同じであることもあります。

生命保険金を受け取った場合，税金がかかりますが，３人の関係と保険金の種類（死亡保険金か満期保険金か）で税金の種類（所得税，相続税，贈与税）が違ってきます。

保険金	契約者 (保険料負担者)	被保険者	保険金 受取人	対象となる税金の種類
死亡保険金	夫	夫	妻	相続税（保険金非課税の特典あり）
	夫	妻	夫	所得税（一時所得）
	夫	妻	子	贈与税
満期保険金	夫	夫	夫	所得税（一時所得）
	夫	夫	妻	贈与税
	夫	妻	妻	贈与税

注）上記は契約者が保険料を負担

■契約者＝受取人の場合，死亡，満期いずれの場合も，保険金は一時所得となり，所得税の課税対象となります。

■一時所得＝（保険金－正味払込保険料）－特別控除額（50万円が限度）
　課税対象額には一時所得の2分の1です。
■契約者＝被保険者で，死亡保険金が支払われた場合，保険金は相続税の課税対象になります。保険金受取人が法定相続人の場合，〈1人につき500万円×法定相続人人数〉までが非課税です。
　贈与税の課税対象になる金額は，保険金－基礎控除額（110万円）です。
　また，高度障害保険金（給付金）や**入院給付金**などは非課税です。被保険者本人だけでなく，配偶者や子どもが受け取っても税金はかかりません。
　契約形態は，保険証書で確認しておきましょう。

　生命保険に加入すると，生命保険の保険料を支払います。保険料が，その保険の値段ということになりますね。保険料は，商品によって違うのはもちろんですが，年齢や性別などによっても違ってきます。少し難しくなりますが，生命保険の値段の決まり方は特殊です。保険料を算定する場合，年齢別，性別の集団で，契約の始めから終わりまでに払い込まれる保険料の総額と予定の運用収益の現在価値の合計額が，支払われる保険金の総額と事業の経費の現在価値の合計額と等しくなるように計算されています。これを「**収支相当の原則**」といいます。

　生命保険の保険料は，将来，生命保険会社が保険金を支払うための財源となる**純保険料**と，保険会社が事業を維持，管理していくための費用の付加保険料から構成されています。さらに，純保険料は死亡保険金を支払うための財源になる死亡保険料と，満期保険金を支払うための財源になる生存保険料で構成されています。この2つの計算をするための基礎になっているのが，予定死亡率と**予定利率**です。

　付加保険料は，保険会社が事業を維持，管理するための人件費や物件費などの費用を賄うためのものなので，**予定事業費率**から計算されます。これらを合わせたものが，契約者が支払う保険料になるわけです。

第2章　生命保険の基礎知識

■基本的な保険料の構成

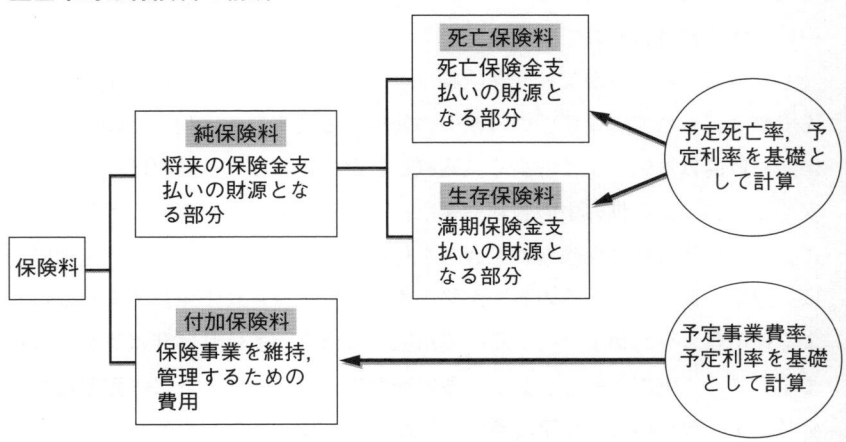

```
                    ┌─ 死亡保険料
                    │  死亡保険金支         ← 予定死亡率，予
          純保険料   │  払いの財源と           定利率を基礎と
          将来の保険金支├ なる部分             して計算
          払いの財源とな│
  保険料 ─┤ る部分   └─ 生存保険料
          │            満期保険金支
          │            払いの財源と
          │            なる部分
          │
          └ 付加保険料                       ← 予定事業費率，
            保険事業を維持，                    予定利率を基礎
            管理するための                      として計算
            費用
```

　死亡率などの統計データは，各社ほぼ同じものを使用しているので，純保険料はさほど差はありません（保険種類によっては異なる率を使用するものもあります）。保険料の大きな差になるのは，保険会社が保険事業を維持管理，運営していくための費用である付加保険料の部分です。会社によって，また商品によって保険料が違うのは主にこのような理由です。一般的に，インターネット販売や通信販売の保険料が，対面式販売の保険料より安いのは，人件費などのコストが少なくて済む分，付加保険料が低いからだとされています。

もう少し詳しく　保険料はこうして安くなる？

　保険料は，死亡予定率，予定利率，予定事業費率というあらかじめ予定した3つの基礎率に基づいて計算されます。（厳密には，予定解約率を保険料の計算に使用する場合もありますが，ここでは割愛します）この予定率が変わると保険料が変わってくるわけです。

　保険会社は，健康でない人が加入して，全体の死亡率を上げてしまったりしないように，また，事業のコストを少しでも減らすようにといった経営努力をしています。そして，契約者から預かった保険料を将来の保険金

の支払いに備えて運用しています。ニュースで耳にする「機関投資家」の中に保険会社は含まれています。

　ちなみに，私たちが支払う保険料は，あらかじめ一定の運用利益を見込んで割り引かれています。この割引に使用する利率を予定利率といいますが，一般的に景気がよくて高く見込むことができれば，それだけ保険料は安くなるのです。世の中の金利や運用状況によって予定利率を上下させることで，保険会社は保険料の見直しを行います。いったん決めた予定利率は，通常の保険では，その契約が終了するまで維持されます。予定利率による運用収入見込額より，実際の運用収入のほうが多ければ利差益が生じます。また，実際の死亡者数が，**予定死亡率**より少ない場合には**死差益**が生じます。今日のように**平均寿命**が延びることは，予定死亡率の低下につながるのです。そして，例えば，人件費などのコストを下げるなど，予定事業費率による事業費よりも実際の事業費が低く抑えられれば，**費差益**が生じます。

❷　生命保険の基本形―「主契約」

　保険料の仕組みはおわかりいただけたでしょうか。では，保険の仕組みを見ていきましょう。

　生命保険は複雑そうに見えますが，基本形は，「**定期保険**」「**養老保険**」「**終身保険**」の3つです。

　契約による保障が続く期間のことを**保険期間**といいますが，この期間内でなければ保険金は受け取ることはできません。いわば，保険の有効期限みたいなもので，これが終了する時を満期といいます。

　定期保険と養老保険にはこの満期があります。終身保険にはありません。そして，定期保険は，満期までの保険期間が終了すると，保障がなくなってしまいます。つまり，幸いにも無事過ごせれば，払い込んだ保険料は掛捨てになるということです。よく「掛捨ての保険」と言われるのはこの定期保険のことな

のです。掛捨てってなんだかもったいない気がする，という声をよく聞きますが，その分，保険料はずいぶん安くなります。定期保険は，**解約**時に戻ってくる**解約返戻金**が全くないかごくわずかなので，保険料が安いのです。安い保険料で大きな保障をもつことができます。ただ，掛捨てといわれている保険も，厳密にいうと，保険を解約した時全くゼロというわけではないのです。「無解約返戻金型保険」と名前が付いている保険は解約返戻金がゼロです。なので，さらに保険料は安くなります。

終身保険や養老保険は，ある程度の期間を過ぎて途中で保険を解約したら解約返戻金が返還されます。解約返戻金は，保険の種類や契約年齢，保険料の払込方法，経過年数，保険期間，保険金額などによって違ってきます。3つの特徴を簡単にまとめてみました。

■ 3つの保険の特徴

定期保険 平準定期保険・逓減定期保険・逓増定期保険・三大疾病保障定期保険など	・満期がある ・保険期間中に，被保険者が死亡または高度障害になった時（この2つはセットになっている）に保険金が支払われる ・解約返戻金はないか，ごくわずか
終身保険 低解約型終身保険・利率変動型終身保険・三大疾病保障終身保険　など	・保障は一生続く。死亡すると保険金が出る ・被保険者が死亡または高度障害になった時に保険金が支払われる ・解約返戻金は，加入年数の経過に従って増加する
養老保険	・満期がある。満期時に保険金が受け取れる ・保険期間中に死亡すると保険金が出る ・満期保険金と死亡保険金は同じ金額 ・解約返戻金は，加入年数の経過に従って増加する

保険は，大きく分けてこの3つ，定期保険，終身保険，養老保険のどれかが「**主契約**」になっています（中には，定期死亡保険付終身保険や医療保険，**個人年金保険**が主契約になっているものもあります）。これらがどういうものなのか順番に見ていく前に，まず仕組図の見方を覚えてください。パンフレット

や設計書などにもこういう図が描かれていると思います。

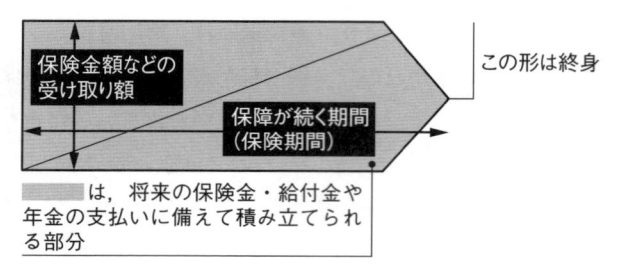

主契約の上に様々な**特約**が付くと、こんなふうに複雑になり、また保険料も高くなります。

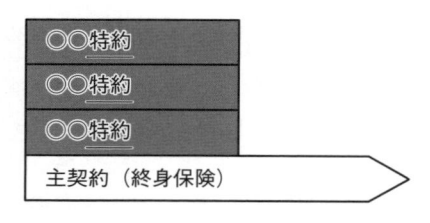

❸ 生命保険の「主契約」基本形① 定期保険

では、「定期保険」から見ていきましょう。定期保険を図にしたらこうなります。

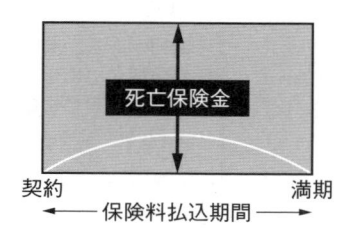

あらかじめ保険期間が決められている死亡保険を定期保険といいます。保険期間は10年～30年が一般的ですが、もっと長いものや1年**更新**の短いものもあります。年数で満期を決めるもの（年満期）と、60歳や70歳などの特定年齢で満期を決めるもの（歳満期）があります。この保険期間中に死亡、または

所定の高度障害状態になった時のみ保険金が受け取れます。

ここで1つ、知っておきたいポイントです。ほとんどの保険商品は、死亡または高度障害状態になった時という形で保障されています。例えば死亡保障が1,000万円なら、高度障害になった時も1,000万円支払われます。注意して欲しいのは、高度障害保険として支払いを受けたら、その保険契約は消滅するということです。その後、死亡しても死亡保険金の支払いはありません。

定期保険の保険料は終身保険に比べて割安です。貯蓄性はなく、満期保険金もありません。満期時点で生存していれば保険金は支払われない掛捨ての保険です。保険期間が終了すると保障はなくなります（ただし、保険契約の更新により、80歳や90歳などの一定年齢まで保障の継続が可能なタイプが一般的です）。解約返戻金は全くないか、ごくわずかのものが多いですが、中には、解約時期によって解約返戻金が多いものもあります。しかし、どの種類も、保険期間終了時には解約返戻金はゼロになります。期間限定で、安いコストで大きな保障を得ることができる保険だと理解してください。

① **平準定期保険**

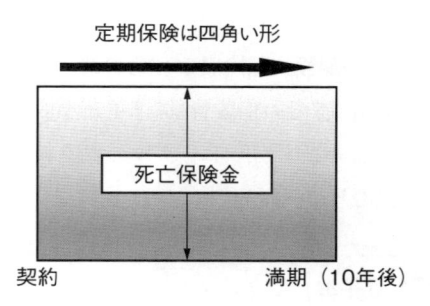

定期保険は四角い形

死亡保険金

契約　　　　　　満期（10年後）

定期保険には、「平準定期保険」といわれる保障が四角い形の保険と、「**逓減定期保険**」といわれる保障が三角形のものがあります。四角い保険の平準定期保険は、保険期間中は保険金額や保険料が変わりません。

例えば、10年の保険期間が無事終われば、保険会社の決めた年齢まで、健康状態にかかわらず、医師の診査や告知なしに自動**更新**することができます。

ただし,「更新」する時の年齢で,保険料は計算されるので,保険料はアップします。この更新時の保険料アップが嫌なために終身保険や長期の保険を選ぶ人もいますが,これらは将来の保険料を前倒しで払っているのだということを知っておきましょう。

定期保険には,「**更新型**」と「**全期型**」があります。

保険期間10年,15年,20年ごとなどの一定期間ごとに**更新**していくタイプのものを「更新型」といいます。更新する時,もし,病気になっていたとしても,同じ保障内容で自動更新することができます。更新時,告知や医師の診査は必要ありません。

契約当初は,「全期型」より保険料は割安ですが,更新ごとに,その時の年齢や保険料率で再計算されるので保険料が上がります。最終的に何歳まで更新して保障を継続できるかは保険会社によって違うので確認してください。

比較的収入の少ない若いうちは,保険料を少なくし,余裕の出てくる年代になったら保険料を多く負担するというように考えられてきましたが,将来の収入の伸びがあまり期待できない今,考えどころではあります。

「更新型」は更新ごとに保険料が変わるのに対して,更新がないものを「全期型」といいます。

全期型は,保障内容,保障額,保険料が契約の終了まで一定です。例えば,30歳で契約すると,契約時点での保険料は,「更新型」より保期期間が長期の「全期型」のほうが高くなりますが,トータルの保険料や月平均額で見ると,「全期型」のほうが安いことが一般的です。

もう少し詳しく　「平準」てなに?

保険料には,「**自然保険料**」と「**平準保険料**」という考え方があります。「自然保険料」というのは,各年齢別の**死亡率**に基づいて,1年ごとの収支バランスが取れるように計算した保険料です。死亡率というのは,一般的に年齢が上がるとともに上昇するので,年齢とともに保険料は上がっていくことになります(若年齢層においては加齢とともに死亡率が下がるケ

ースもあります)。でも，年を取るごとに保険料が上がると契約者の負担は大きくなりますので，この欠点をカバーするために「平準保険料」という考え方があります。契約期間全体で収支のバランスが取れるように計算する保険料です。期間中の保険料が変わらないように保険料を平準化し，毎回同じ保険料を支払います。簡単にいえば，保険料の若いうちに，年を取って上がる分を前倒しして払っているということです。このため，年をとっても保険契約が続けられることになります。保険料払込方法が**一時払い**の場合を除くと，ほとんどすべての種類の生命保険は**平準**保険料になっています。

② 逓減定期保険

一方こちらは，受け取る保険金が，一定割合で減っていくので三角形のイメージです。

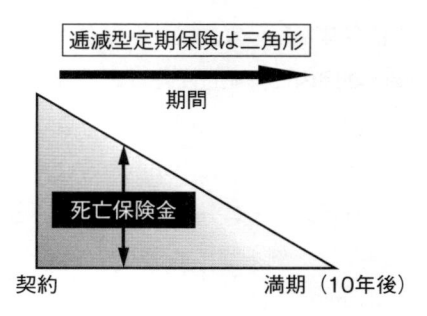

逓減型定期保険は三角形

期間 →

死亡保険金

契約 ─────── 満期（10年後）

保険料は一定ですが，契約後一定期間ごとに保険金額が減っていきます。年々減っていくというと不安に思うかもしれませんが，一般的に年の経過とともに必要な生活費や教育費は減っていきますので，考え方によっては合理的な保険ということができます。例えば，30歳の人で，子どもが2歳の場合には約20年分の教育費が必要です。でも，40歳の人で子どもが12歳の場合は，12年分はもう責任を果たしているので，残りの10年分を準備すればよいということになります。用意するお金は，時とともに減っていくので，保険金額も年々減らしていけば，支払う保険料もムダにならないというわけです。合理的

な保険というのはそういう意味です。住宅ローンの債務保証のために利用する場合も同じ考え方で，逓減型の保険をもつと合理的です。

　保険金が減っていくので，保険料は，平準定期保険と比較するとより割安です。仮に同じ人が，四角い定期保険と三角形の**逓減定期保険**を同時に同じ保険金額で加入したとしたら，年月の経過とともに保険金額が減っていく逓減型のほうが保険料は安くなります。考え方として，将来の必要保障額が年々減っていくのに応じて合理的に保険をもつために，定期保険の保険金額を定期的に**減額**することで同じ保障内容を実現することは可能です。定期保険には他にも，長期平準定期保険，三大特定疾病保障定期保険などの商品があります。

❹　生命保険の「主契約」基本形②　収入保障保険

　逓減定期保険から派生した商品で，**収入保障保険**というものがあります（保険会社によっては，生活保障保険・家族収入保障保険と呼ばれます）。

　収入保障保険は，**保険期間内**に，死亡または高度障害になった時，遺族は，保険金を一時金ではなく給料のように定期的に受け取ることができる保険です。三大**疾病**（がん，脳卒中，心筋梗塞）にかかった時にも保険金が支払われる商品も発売されています。**リビング・ニーズ特約**が付加できるものもあります。

　収入保障保険のメリットは，例えば，毎月15万円ずつ，60歳まで受け取るなど，遺族が保険金を計画的に受け取れることです。時間の経過とともに将来の累計保障額が減る仕組みのため（保険金が逓減していくので），通常の**定期保険**より保険料も割安です。

　受け取る保険金のことは「年金」といわれていますが，受取りには最低保証期間が付いています。例えば，最低保証期間が10年の商品だと，保険期間の満期まであと5年という時に**被保険者**が死亡しても，10年分の支払いを受け取れます。しかし，最近はこの最低保証期間は短くなる傾向にあります。また最低保証期間をなくし，保険期間が終了した時点で無事故保険金が支払われるものもあります。つまり，掛捨てではない保険ということになります。単独の

保険として販売されたり，**特約**として**終身保険**などに付加できるものもあります。保険金を年金でなく一時金で受け取ることもできますが，一般的に受取額は割り引かれます。

　デメリットとしては，収入保障保険で受け取った年金は雑所得になるということです。受け取る年金額によっては注意が必要です。所得が増えると，住民税も増えます。国民健康保険料は，住民税に連動しているため，国民健康保険料も増えます。健康保険料は，給与などで決まるので雑所得の増加で増えることはありませんが，税金は増えることになります。また，年金を受け取る初年度は，運用益はゼロとみなされ全額非課税ですが，その後は，運用益は所得税の課税対象になります。年金保険の支払いについて，生命保険会社の源泉徴収が平成25年1月1日から廃止されるそうですので，受け取った人は，自分で確定申告をする必要があります。

❺　生命保険の基本形「主契約」③　終身保険

では，次に，**終身保険**を見ていきましょう。

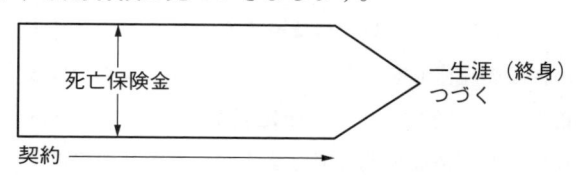

　終身保険も，**定期保険**と同じく，**被保険者**が死亡，特定の高度障害状態になった時に保険金が支払われます。**保険期間**は一生涯，つまり生きている限り保障が続きます。保障額は変わりません。人は必ず死を迎えるので，保険金は必ず受け取れるということになります。ですから，保険期間を無限に長期に設定した**定期保険**だと思ってください。

　保険料は，定期保険に比べて割高です。時間の経過とともに解約返戻金が増加していきます。また，一定範囲内なら（通常はその時点の解約返戻金の9割まで）**契約者貸付**を受けられます。解約返戻金の一定範囲内でお金を借りられ

る制度を「契約者貸付制度」といいます。この制度は，**終身保険**や**養老保険**などの一定の解約返戻金がある保険で利用できます。緊急予備資金などとして使うことが可能ですが，借入れには利息が発生します。貸付金は，契約者共通の財産（保険金や給付金の財源）として運用されている資産の一部だからです。通常，利率は年2回の見直しがされます。貸付を受けていても**配当金**は付きます。返済期限はありませんが，返済していない分については，**解約**時や死亡時に相殺されることになります。東日本大震災で被災した方には，**保険証券**がなくても貸付に対応してもらえるという特例もありました。また，利息も特別金利としてかなり低い年利に減免されました（ただし，それまでの借入れについては適用されません）。一般的に終身保険は，保険料払込満了時に，年金払いにしたり，介護保障に変更することができます。

　終身保険の保険料の支払方法には，60歳までや70歳までなど，ある年齢までに保険料を払い終える有期払いと，終身払い，**一時払い**があります。同じ保険金額で比べると終身払いのほうが毎月の保険料は安く済みますが，保険契約が続く限り支払うことになります。また，契約当初10年間の保険料を安く設定して，その後保険料が上がる「ステップ払込方式」というのもあります。今は販売されているのはほとんど見かけませんが，ステップ払込方式で保険料がアップするため保険の見直しをしたいというご相談はよく受けます。

　終身保険の貯蓄性はどうでしょう。**予定利率**が高かった1995年以前に加入した保険であれば，貯蓄機能も期待できますが，予定利率の低い今，付加保険料などを引いた実質利回りを考えると通常の終身保険では思うようにお金は増えないようです。今では信じられませんが，1985年の予定利率は6％台。1990年頃は5.5％ありました。予定利率が3％を超す1995年頃以前までの保険は，秘かに（？）「お宝保険」といわれているのです！　現在，予定利率が1％前後なのを思えば，まさに「お宝」ですね。

第2章　生命保険の基礎知識

> **もう少し詳しく**　配当金って？
>
> **利差益**，**死差益**，費差益の3利源からなる部分を**余剰金**といいます。この余剰金の一部が配当金として契約者に還元されます。**有配当保険**というのは，余剰金を配当金として一定期間後に還元する保険のことです。
>
> 配当金の分配は，保険種類や契約者の性別，年齢，支払方法，経過年数，保険期間，保険金額などの違いによって公平になるように計算されます。
>
> 配当金額は，毎年の決算によって決定されるので，実績によってはなしということもあります。契約時に例示されている配当金額は，約束されたものではありません。
>
> **利差配当付保険**は余剰金の中でも利差益のみを配当金として還元する保険です。毎年配当金がでるタイプと「5年ごと利差配当終身保険」のように，5年ごとに配当として契約者に還元するものがあります。
>
> **無配当保険**は，3利源すべてについて無配当用の基礎率を設定して，保険料を安くする代わりに余剰金の分配を行わないという保険です。いくら運用成績がよくても還元されることはありませんが，その分保険料は低く設定されています。

みなさんが，目にすることの多い終身保険は次のようなものがあるのではないでしょうか。

① 一時払終身保険

保険料は，契約時に全額支払います。保障は一生涯続きます。保険金が定額のものと変額のものがあります。最低払込金額は100万〜300万円程度。加入対象年齢は会社によって様々で，告知だけで入れるものと，職業告知だけで入れるものなどがあります。この商品は，銀行の窓口などで販売されています。年金で受け取れる特約を付けられるものがほとんどで，米ドル建てのものもあります。

② 変額終身保険

　保険期間中，運用実績によって保障額が変わる終身保険です。死亡時に支払われる保険金額と解約返戻金が運用次第で変わります。運用実績がよければ保険金額は大きくなり，悪ければ小さくなります。投資に伴う危険が大きいといえます。つまり，ハイリスク，ハイリターンの商品です。**定額終身保険**の運用リスクは保険会社が負担しますが，変額年金の運用リスクは契約者が負担します。**変額保険**と定額保険の資産は別々に運用することが義務付けられていて，定額保険の資産は一般勘定で，変額保険の資産は特別勘定で運用されます。ただし，ほとんどの商品が，死亡保険金には最低保証金額が決められていて，それを下回ることはありません。

　保険料は，普通の終身保険より割安ですが，契約時，運用時，受取時とコストがかかります。保険料は普通の終身保険より割安なので，途中の運用成績にとらわれず死亡保障としてもつという方法もあります。

■**定額終身保険と変額終身保険**

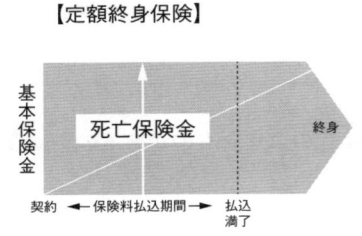

【定額終身保険】
・死亡保険金の額はかわりません

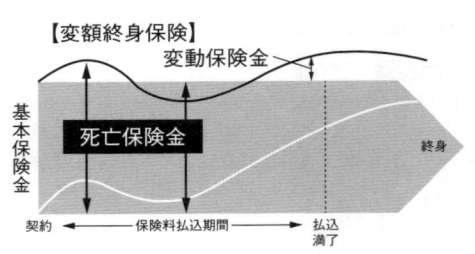

【変額終身保険】
・死亡したときには，基本保険金に上乗せして変動保険金を受け取る場合があります。
・解約返戻金に最低保証はありません。

　ちなみに，養老保険タイプの有期型の変額年金は，養老保険と同じように一定期間の死亡保障があり，生存して満期を迎えれば年金を受け取れます。でも，死亡保障に最低保証額がある一方，解約返戻金は運用次第ということで，最低保証はありません。

③ 外貨建て終身保険

ドル建て、ユーロ建てなどありますが、その通貨の金利状況で積立利率が設定されています。円建てより高い利率が設定されているものが多いです。保険金額は外貨建てで保証されていますが、円建てでは保証されていないので、為替リスクを伴います。したがって、保険金を受け取る時、円高だと保険金が少なくなってしまいます。

④ 低解約型終身保険

保険料払込期間中の解約返戻金を低く抑えることで、保険料が安くなっているものです。基本的には、保険料の払込みが終わるとその後の解約返戻金は通常の額に戻ります。

⑤ 定期保険特約付終身保険

主契約は終身保険です。終身保険は保険料が高いので、定期保険を特約として組み合わせることによって定期保険特約付終身保険としています。働き盛りの間の大きな補償額、老後を小さな保証額とする合理的な補償内容を、安い保険料でもつことができます。終身部分の保険料は、払込期間中変わりませんが（ステップ払方式の場合は最初の更新で保険料が上がります）、定期部分は自動**更新**されるものが多く、更新時の保険料は上がります。定期保険の保険期間を10年、15年というように短期にして満期時に更新していく「更新型」と、最長80歳までの払込期間を保険期間とする「**全期型**」があります。加入当初の保険料は、「全期型」のほうが高くなります。「更新型」は、更新時にその時の年齢で保険料が再計算されますので、若いうちは割安ですが、保険内容の見直しをしないで（保険金額を**減額**しないで）更新すると保険料は高くなります。例えば保険期間10年で1回更新して20年もつのと、保険期間20年でもつのでは、保険料の合計額を比較すると、一般的に更新型のほうが高くなるようです。

　定期保険特約付終身保険は、定期保険特約と終身保険の保険金額の割合を自

由に設定することができるということになっています。しかし，多くの保険会社で，終身保険の保険金額に対して全体の死亡保険金額が何倍でなければならないという上限が設定されています。終身保険の保険金額に対し20～25倍までとしている会社が多いようです。主契約の上に付加できる定期保険には様々な種類があります（後ほど詳しく見ていきます）。

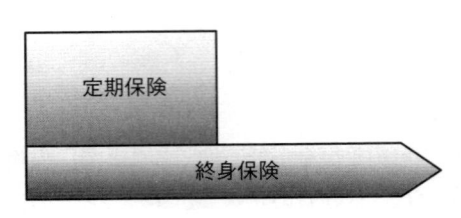

⑥ 利率変動型積立終身保険

　自由設計型保険ともいわれます。定期付終身保険の終身部分がアカウント型（口座という意味）になっている保険です。一部の国内生保で2000年から発売されていて，主力商品になっていましたが，現在は**介護保険**などに移りつつあるようです。**アカウント型保険**は，年齢によって必要な保障を変えられるなど見直しが自在なことなどから，保険の見直し，「**転換**」をしなくてもいい保険とうたわれています。積立部分（利率変動型積立終身保険）と定期保険特約の保険部分で構成されています。保険料は一度アカウントと呼ばれる積立部分に入り，そこから特約として付けている各保険の保険料の支払いに充てられ，余ったお金が積み立てられていきます。会社によっては，契約時に自分で決めた一定金額を積み立てていくもの，投資信託や傷害保険などが購入できるものもあります。積立てしていった金額相当額が，一時払終身保険保険料に充当されます。つまり，払込期間中は，定期保険特約や医療特約などの保障のみで，終身の保障はないということになります。保険料の払込みが終了した時点で積立部分をもとに終身保険に移行するという仕組みです。積立金への入金や引出しは自由にできます。また，積立金を利用して，途中，新しく保障を買い増すことも可能です。払込終了後には終身保険の他に年金や介護保険に移行することもできます。もちろん積立金があれば，ですが。積立金の出し入れが自由なの

でついつい使ってしまって積立金の残額がゼロという話も少なからず聞いたことがあります。特約の支払いがほとんどで積立金がたまらないケースもあります。

アカウントの上にのせる特約には，7大**生活習慣病**（がん，心疾患，脳血管疾患，糖尿病，高血圧疾患，腎疾患，肝疾患）の保障をパッケージ化したものや，6大疾病（急性心筋梗塞，脳卒中，糖尿病，高血圧疾患，慢性腎不全，肝硬変）が所定の状態の時に保険金が出るもの，介護保障特約，残された家族のための遺族保障などなど，様々なものがあります。

終身保険の**予定利率**は，通常，保険期間中を通して変わりませんが，利率変動型は，一定期間ごとに予定利率の見直しがなされます。最低利率は保証されています。しかし，実際にはそこから手数料や付加保険料等を差し引かれるため実質利回りは表示されたより低くなります。低金利に加え，コスト高や必須の**特約**の保険料の高さなどにより，貯蓄機能を過度に期待するのは難しそうです。

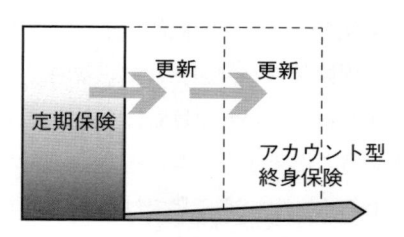

もう少し詳しく　ユニバーサル保険とアカウント型保険の違いって？

アカウント型保険（利率変動型積立終身保険）は，アメリカのユニバーサル保険をモデルにしたといわれています。ユニバーサル保険というのは，正式名称を積立利率変動型保障期間自由設計保険といいます。契約後も，ライフスタイルに合わせて自由に保障設計ができるフレキシブルな商品です。契約時に，保険料，保険金額，保険期間のうちの2つを決めると残りの1つは自動的に決まる仕組みになっています。変更は毎年可能ですが，保険金の増額には告知や診査が必要です。

例えば、月額3万円の保険料を払い込んでいる契約者がいるとします。今年の死亡保障額に必要な月額保険料が2万円とすれば、残りの1万円は積立ファンドで運用されます。翌年は、保障額を減らすことにしました。保険料は1万円になりました。残りの2万円が積立ファンドで運用されることになります。

　保険期間中、保険料の払込みを停止したり再開することもできますし、主契約である積立部分に貯まった積立金を取り崩し、付加した特約の保険料として支払うことも可能です。

　日本のアカウント型保険と非常によく似ているように思いますが、厳密には両者は全く異なるものです。もともと、ユニバーサル保険は、金利上昇局面で保険が解約されてしまうという保険会社のリスク対策で生まれた商品ですので、より資産運用機能に重点が置かれています。そして、ユニバーサル保険の大きな特徴は、保険金額や保険料など保障内容を契約者が毎年でも自由に変更できる保険であるということです。一方、日本のアカウント型保険は、貯蓄機能よりも保障機能に重点が置かれています。積立部分の上にいくつもの保険契約が付加されているので、保障内容を変更するには、個々の契約を見直していかなければなりません。つまり、保険契約が変わってくるということです。ユニバーサル保険のように内容を変更しても保険契約が変わらないということではないのです。

　いかがですか？　これまで定期保険、収入保障保険、終身保険を見てきましたが、万一の備えとしての機能をもつ3つの保険をここでもう一度まとめてみましょう。

第 2 章　生命保険の基礎知識

	定期保険	収入保障保険	終身保険
保険期間	一定期間のみ	一定期間のみ	一生涯
保険金額	保険期間中変わらない	逓減していく	保険期間中変わらない
保険料	掛捨て 保険期間中変わらないが，更新時に上がる 割安	掛捨て 定期保険より割安 保険期間中変わらない	保険期間中一定 掛捨てではなく解約返戻金が貯まる 高い
保険金の受取方	一括	毎月年金として受け取る 一括で受け取ることも可能	一括

　定期保険と終身保険の保険料は，年齢や性別，払込方法や会社などによっても違いますが，定期より終身のほうが，5〜7倍くらい保険料は高くなっています。終身保険だけで保険をもつというのは，お給料もなかなか上がらない中，現実的ではないようですね。子どもの教育費がたくさんかかる時期は，特に高い保険料は大きな負担になります。かといって，保険金額をむやみに減らすこともできないので，保険料の安い定期保険や収入保障保険を上手に組み合わせてもつことも必要になってきます。もちろん，終身保険を全くもたないで定期保険だけで保険料を安く抑えるということでもいいと思います。保険料の高い終身保険は，相続対策やお葬式代など死後の整理資金として考えるほうがいいかもしれません。

❻　生命保険の「主契約」基本形④　養老保険

　では最後に，**養老保険**についてみましょう。
　養老保険は，死亡保障と生存保障を組み合わせた保険なので，貯蓄性がある保険といわれています。**被保険者**が，**保険期間**の途中で死亡したり高度障害になった時は死亡保険金や高度障害保険金が受け取れ，保険期間満了まで生存し

た時は満期保険金が受け取れます。死亡保険金と満期保険金の金額は常に等しくなります。

予定利率が高かったバブル期には、一時払いの養老保険が大変な人気商品でした。今は、販売はされていますが、そう売れているわけではなさそうです。将来、市場の金利が上がってきたとしても、加入時の予定利率は変わらないし、保険料も割高なためでしょう。予定利率が高くない今、例えば30年で50万円くらい増えたとしても、30年後の物価を考えたら得になるかどうかはわからないというわけです。保険会社にすれば、満期保険金を支払わなければならないし、万一の保障にも対応しなければならない商品なので致し方ないということでしょう。

仕組図は次のようになります。

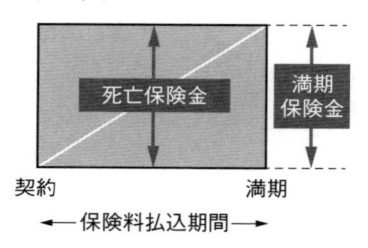

以上、**主契約**になる3つの保険商品を見てきました。これらを保険金の支払われ方で考えることもできます。死亡時、高度障害になった時だけ保険金が支払われる**死亡保険**。**定期保険**や終身保険、**収入保障保険**などは死亡保険です。一定期間生存した時に保険金が支払われる**生存保険**。**個人年金保険**、**貯蓄保険**、**こども保険**などがあたります。そして両方を組み合わせた**生死混合保険**。養老保険は生死混合保険になります。

第 2 章　生命保険の基礎知識

❼ 「主契約」に付加する「特約」

桐島
「長い旅だった。でも，主契約についてばっちり理解できたぞ」

山本
「で，次に，特約を解読していくわけか。まだまだ旅は続くな」

岩城
「ここまでくれば，ボディは完成したようなものだから，後は気楽に。それこそ，パーツは付けなくても構わないので」

桐島
「でも，気に入れば付けちゃって構わないんですよね？」

岩城
「もちろん。その分，保険料は高くなりますけど」

桐島
「やっぱりそうか」

岩城
「特約というのは，保険をより充実させるために，主契約に付加できるもので，特約保険料がかかります。死亡保障に備える特約，事故などに備える特約，そして生前給付型の病気などに備える特約があるわけです」

山本
「付けるか付けないかは内容次第ですね」

岩城
「保険料がかからない特約や，とても安く付けられる特約もあります。ぜひ付けておきたい特約もあるので，順番に見ていきましょう」

特約は，主契約に付けるものなので，特約のみをもつことはできません。特約には，大きく分けると2種類あります。1つは，**定期保険特約**や**終身保険特約**などのような死亡保障に備える特約です。定期**死亡保険**，**終身保険**をそれぞれ特約化したものです。もう1つは，生前給付型の特約です。

(1) 死亡保障に備える特約

主契約に，定期保険特約を付けることで，一定期間の死亡保障を大きくすることができます。

定期保険特約の種類	
平準定期保険	保険期間中の死亡保障が一定
逓減定期保険	死亡保険金が一定割合で減少していく
逓増定期保険	死亡保険金が一定割合で増加していく

定期保険などに，**終身保険特約**を付ければ，保障が一生続く**終身保険**をプラスしてもつことができます。収入（生活）保障**特約**は，死亡保険金を一時金ではなく，年金方式で分割して受け取ることができる**特約**です。

事故に備える**特約**もあります。**災害割増特約**は，**不慮の事故**にあった日から180日以内に，死亡，または所定の高度障害状態になった時や所定の感染症で死亡，高度障害状態になった時に，「災害死亡・災害高度障害保険金」が上乗せして受け取れます。

傷害特約は，不慮の事故で，事故をした日から180日以内に死亡した場合や，所定の感染症で死亡した時，「災害保険金」が上乗せして受け取れるものです。所定の感染症で高度障害状態になった時は給付されません。また，不慮の事故で，所定の障害状態になった時は，障害の程度に応じて「障害給付金」が受け

第2章 生命保険の基礎知識

取れます。「不慮の事故」「所定の感染症」「所定の高度障害」は、どういう時に当てはまるのかは会社によって違いますので、お持ちの「**約款**」でご確認ください。

保障内容	
災害割増特約	不慮の事故または所定の感染症で、死亡、高度障害状態になった時「災害死亡・災害高度障害保険金」が支払われる。
傷害特約	不慮の事故または所定の感染症で死亡した時、「災害保険金」が支払われる。所定の感染症で高度障害状態になった時は給付されない。不慮の事故で所定の障害状態になった時は、障害の程度に応じて「障害給付金」が支払われる。

例えば、1,000万円の**終身保険**に、「災害割増特約1,000万円」「**傷害特約1,000万円**」を付けていれば、不慮の事故で死亡した時に3,000万円が保険金として支払われることになります。

```
    傷害特約1,000万円
  災害割増特約1,000万円
         +          →   不慮の事故で死亡  3,000万円の保険金
1,000万円の終身保険（主契約）
```

※「不慮の事故」「所定の感染症」は、約款に書かれています。それに該当する場合、保険料が支払われます。医師の診断をもとに保険会社が判定します。

ちなみに、「災害割増特約」と「傷害特約」は、通常、「地震、噴火、津波」の時は免責となっていますが、東日本大震災では全額が受け取れるという特例が設けられました。また、家族定期保険（ファミリー）特約は、家族が死亡、高度障害の時に保険金を受け取れるものです。家族傷害特約は、配偶者や未成年の子どもなどを**被保険者**とすることができ、万一、災害で死亡した時、保険金が受け取れます。

(2) 生前給付型の特約

生前給付型の特約には次のようなものがあります。病気やケガ，介護を保障するものです。

① 災害入院特約

不慮の事故や災害で，その事故の日から180日以内に継続して5日以上入院した時，5日目から「**入院給付金**」が受け取れます。**1入院**120日，通算1,095日が限度です。

② 家族災害入院特約

配偶者や未成年の子どもなどを被保険者とすることができ，万一，不慮の事故や災害で，その事故の日から180日以内に継続して5日以上入院した時，5日目から「入院給付金」が受け取れます。

③ 疾病入院特約

通常，病気で継続して5日以上入院した場合に，5日目から「入院給付金」が受け取れます。4日間は免責になるため受け取れません。1入院（1回の入院）および通算日数には限度があり，会社によって異なります。1入院120日通算1,095日が限度。

また，病気や不慮の事故で所定の手術をした時には「手術給付金」が受け取れます。「手術特約」として，別の特約として取り扱っている保険会社もあります。通常，保険業界基準で定めた所定の88項目，約500種類について支払われますが，最近は，公的な健康保険に連動して手術給付金が支払われる**公的医療連動型保険**もあります。健康保険が適用される手術はすべて給付対象というもので，給付対象は約1千種類。手術によって，入院給付金日額の倍率（10倍，20倍，40倍）の給付金が受け取れます。

④ 家族疾病入院特約

配偶者や未成年の子どもなどを被保険者とすることができ，通常，病気で継続して5日以上入院した場合に，5日目から「入院給付金」が受け取れます。また，病気や不慮の事故で所定の手術をした時には「手術給付金」が受け取れます。「本人・配偶者型」「本人・子ども型」「本人・家族型」などがあります。

通常，家族の保障は本人の6割で，未成年の子であれば，人数に関係なく保障されます。

⑤ **疾病傷害特約**

病気が直接の原因で所定の身体障害状態になった時「疾病傷害給付金」が受け取れます。所定の身体障害とは，例えば，心臓疾患によるペースメーカーの装着や脳卒中による麻痺などをいいます。

⑥ **三大疾病保障特約（特定疾病保障特約）**

がん，急性心筋梗塞，脳卒中の3大疾病によって所定の状態になった時，特定疾病保険金を受け取れます。支払いを受けた後は特約は消滅します。これらの疾患以外で死亡，高度障害になった時には同額の保険金が受け取れます。

再発三大疾病保障特約といって，再発すると受け取れるものもあります。死亡時の保険金はその分減少します。また，三大疾病保障が主契約の保険もあります。

がん告知を本人にしていない，本人が意識不明で請求できない等の場合を考えて**指定代理人請求制度**があります。

※「所定の状態」は約款に書かれています。

⑦ **成人病（生活習慣病）入院特約**

がん，急性心筋梗塞，脳卒中，高血圧疾患，糖尿病の5大成人病で，継続して5日以上入院した場合に，5日目から「入院給付金」が受け取れます。所定の手術をした時に「手術給付金」が受け取れるものもあります。疾病入院特約と合わせて倍額の入院給付金を受け取れるものもあります。

⑧ **がん入院特約**

がんで入院した場合に，「入院給付金」が受け取れます。がんで所定の手術をした時に「がん手術給付金」，がんと診断された時に受け取れる「がん診断給付金」や「がん通院給付金」「がん死亡保険金」が受け取れるものもあります。

⑨ **女性疾病入院特約**

女性特有の病気や女性に発生率の高い病気で入院した場合に，「入院給付金」が受け取れます。所定の手術をした時に「手術給付金」が受け取れるものもあ

ります。がん入院特約を付けていれば，女性特有のがんになった時は両方から給付金が受け取れます。

⑩　**重度慢性疾患保障特約**

慢性腎不全による人工透析や，重度の糖尿病などで長期の治療が必要になった時に受け取れます。

⑪　**短期入院特約**

入金給付金を1日目から受け取れる特約。1入院4日，通算60日が限度。

⑫　**通院特約**

入院給付金の支払対象となる入院をして，その病気やケガを治療の目的として，退院後120日以内に通院した場合，「通院給付金」が受け取れます。入院前の通院が保障されているものもあります。1入院日，通算1,095日が限度。

⑬　**退院給付特約（退院後療養特約）**

入院給付金の支払対象となる入院をして，所定期間後に退院した時，「退院給付金」が受け取れます。

⑭　**長期入院特約**

病気や不慮の事故で長期の入院をした場合に，「入院給付金」や「一時金」が受け取れます。何日以上になると長期の入院とみなされるかは，保険会社によって異なります。

⑮　**先進医療特約**

厚生労働大臣が認可する**先進医療**にあたる治療を受けた時，治療の種類に応じた給付金が受け取れます。1回の限度額や通算限度額，対象は保険会社によって違います。病院までの交通費が出るもの，入院が条件のもの，会社が認めた**自由診療**も保障されているものなど様々です。特約料は月70円くらいからと安いです。

⑯　**リビング・ニーズ特約**

余命6か月以内と医師に診断された場合，死亡保険金の一部または全額を生前に受け取れるという**特約**です。保険料は無料です。支払われる保険金の限度額は，保険会社によって異なります。保険金の支払いが6か月前なら，保険金

から6か月分の未払保険料と予定利息が差し引かれて支払われます。この時，保険金は非課税ですが，使い切らずに死亡した場合は，相続税の課税価格に算入しなければなりません。また，この**特約**も，本人に告知していない場合を考慮して「指定代理人請求制度」が設けられています。なお，指定代理人請求はあらゆる保険で付加することが多くなっています。

⑰　**特定損傷特約**

　不慮の事故により，骨折，関節脱臼，腱の断裂の治療をした時給付金が受け取れます。

⑱　**生存給付金特約**

　生存中に一定期間を経過するごとに生存給付金を受け取れる特約です。「お祝い金」などと呼ばれています。通常の保険料に生存給付金の部分が上乗せされているので，保険料はその分割高になります。「特定疾病保険金」「死亡保険金」「高度障害保険金」のいずれかが支払われると契約は消滅します。

⑲　**介護保険特約**

　所定の要介護認定を受けた時に給付金が受け取れます。

⑳　**保険料払込免除特約**

　所定の障害状態や，要介護状態，重度慢性疾患，三大特定疾患などになった時，主契約を含め，それ以降の保険料が一切免除されるという特約です。

㉑　**指定代理請求特約**

　受取人が，保険金など請求できない事情がある場合に，指定代理人が代わって請求ができるという特約です。

㉒　**歯科医療特約**

　所定の治療を受けると給付金が受け取れます。

　他にも，会社によって様々な特約があります。**ご契約のしおり**と**定款**，約款がコンパクトにまとめられた冊子がご契約時に渡されると思いますので，それで**特約**内容を確認されるとわかりやすいと思います。たくさんの特約がありますが，会社によっても違いますので，詳しくは各保険会社に確認してください。

リビング・ニーズ特約と指定代理請求特約は無料で付加できますので，まだ付けていない人はぜひ付けてくださいね。

❽ 貯蓄性商品についてどう考えるか
　〜教育費はどう貯めるか〜

岩城
「では，ここで，『保障』と『貯蓄』が一緒になっている商品はどうなのかということを考えたいと思います。一般的に『貯蓄性がある保険』と言われているものよ。今のように，市場の金利が低い時には，**予定利率**が低くなるので，保険料は高くなる，というのはご理解いただけたと思います。貯蓄性のある保険はお金を増やすのに効率的なのかしら？」

山本
「**学資保険**も貯蓄性のある商品ですよね？　僕，娘のために学資保険に入ろうと思ってるんだけど」

岩城
「子どもが生まれたら教育費は不可欠ですね。では，まず学資保険について考えてみましょうか。結論から言うと，実際に支払った保険料の総額がいくらで，満期の時にどのくらい受け取れるか，つまり実質の利回りがいくらなのかということをよく考える必要があります。貯蓄を目的とするのに，わざわざ保険でもつ必要があるのかどうかということを考えましょう」

山本
「学資保険っていうのは，どういう特徴があるんですか？」

岩城
「学資保険や**こども保険**は，子どもの教育資金の準備を目的にした保険よ。将来の学費が貯められて，万一の保障も得られるというもので，子どもと親の両方が**被保険者**になる**連生保険**になります。満期保険金は，子どもが15歳，18歳，20歳，22歳になった後の契約応当日に受け取ることができるのよ。入学時期に合わせて生存給付金（祝い金）を受け取ることができるタイプもあります。契約者である親が死亡した時は，それ以降の保険料の払込みは免除になり，設定した満期になれば保険金は満額受け取れるの。育英年金や養育年金といって，毎年，遺族年金が支払われる**特約**を付けられるものや子どもの医療保障を付けられるものもあるのよ。早い時期に加入すれば，保険料を支払う時期が長くなって，その分保険料は安くなります。でも，**予定利率**が低い今，中には元本割れをする商品もあるので注意が必要です。教育資金は，必ず必要になるものだし，ある程度強制的に作っていく必要もあるので，保障を考えて加入するのにはいい商品だと思う。でも，貯蓄機能はあまり期待できないということも覚えておいたほうがいいでしょう。選ぶのなら，保障がシンプルで返戻率の大きな商品にしたほうがいいわね。保障が充実するとその分，貯蓄性は低くなるので」

山本
「なるほどね。親には，学資保険にすぐ入るようにいわれたんだけど，何でもいいってわけじゃないんですね」

岩城
「教育費は実質，年々上がっているし，学資保険に入っておけば大丈夫という時代ではないでしょうね」

山本
「じゃあ，教育費ってどういうふうに貯めていくのが一番効率的なのでしょうか？」

岩城
「では，教育費をどう貯めていくか，考えていきましょう」

(1) 教育費はいくらかかるか

　住宅ローンと教育資金，そして老後資金は，人生の3大支出といわれています。教育費は，子どもが私立か公立でかなり違ってきますが，晩婚化の影響もあり，50歳代で，教育費のピークを迎える人も少なくはないでしょう。住宅ローンと，老後の準備とトリプルで家計に重くのしかかってくることも考えられます。子どもが私立に受かって教育ローンを組まなくてはいけないというのは避けたいもの。また，今は，子どもの世界もなかなかストレスフル。事情が変わって進路の変更をせざるを得ないということもあるし，また留学や浪人などをすればさらにお金はかかります。お子さんの希望やライフプランが変わっても対応できるように，特に子どもの教育資金については計画を立ててなるべく早いうちから準備を始めていただきたいと思います。
　まずは，今，教育費がどのくらいかかるのかを見てみましょう。

■幼稚園から高等学校までの教育費

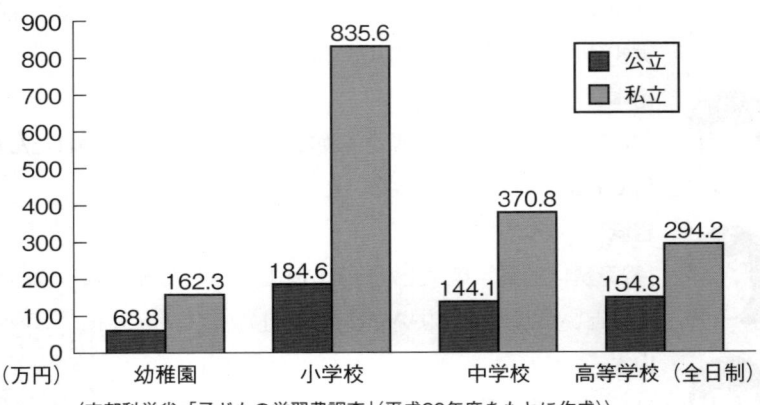

	公立	私立
幼稚園	68.8	162.3
小学校	184.6	835.6
中学校	144.1	370.8
高等学校（全日制）	154.8	294.2

（万円）

〈文部科学省「子どもの学習費調査」（平成20年度をもとに作成）〉

第2章　生命保険の基礎知識

(2) 教育費のための貯蓄法

教育費は，子どもが生まれたらまず，月々2万円くらいは貯蓄をしていくようにしましょう。17歳までで約400万円を貯蓄することができます。積立預金や一般財形貯金を使うとよいでしょう。ある程度の額になったら，定期預金や個人向け国債，円建てMMFなどで運用してもよいと思います。

高校までの費用は，基本的には生活費から賄うようにしていきたいところです。でも，現実的には，塾や予備校代などで，これまで貯めたお金を取り崩さざるを得ないこともあると思います。しかし，基本的なスタンスとしては，17, 8歳までに貯めるお金は，大学受験の費用や入学金，初年度の学費，生活スタートアップ資金（自宅外通学の場合）に充てることを目指して作ってください。

大学の費用は，国公立か私立か，自宅通学か自宅外通学か，文系か理系かによって大きく変わってきます。

■**大学生の教育費総額（平成18・20年度）**

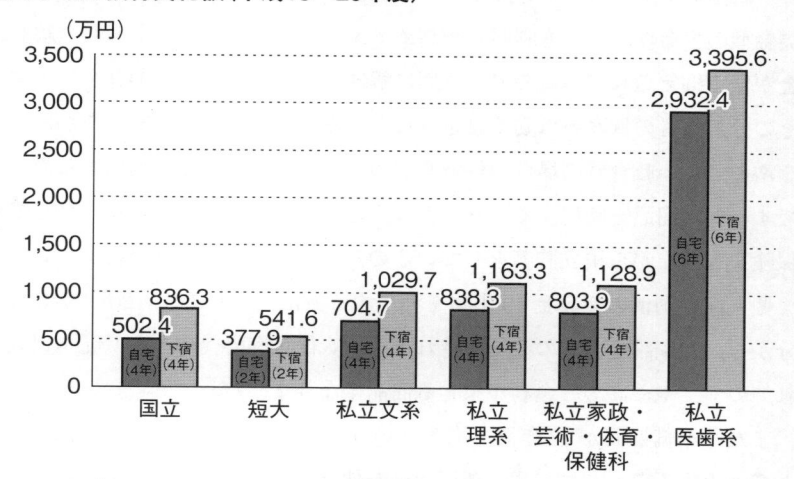

区分	自宅	下宿
国立（4年）	502.4	836.3
短大（2年）	377.9	541.6
私立文系（4年）	704.7	1,029.7
私立理系（4年）	838.3	1,163.3
私立家政・芸術・体育・保健科（4年）	803.9	1,128.9
私立医歯系（6年）	2,932.4	3,395.6

〈出所：セールス手帖社保険FPS研究所「ライフプランデータ集」(2010年度版)〉

(3) 保険の効果的な利用法

子どもが2人いれば2倍ですので，さらに大きな負担です。17, 8歳まで積み立てていくお金の他に，あと200～300万円くらい作っていきたいものです。

元本割れをしない商品を基本に作っていかなくてはいけません。

まず、学資保険やこども保険といった保険商品の現状を見てみましょう。

父親が30歳男性で、子どもが0歳の時に保険金額300万円の保険に加入したとします。満期は18歳です。

利回りにあたる返戻率を比較してみると、111%前後を最高として、下は85%くらいと商品によって様々でした。100%以下は元本割れをするということです。貯蓄を重視するものは返戻率が高く、保障を重視するものは低くなる傾向があります。

会社名	Y社	S社	M社	M社	D社	N社	S社	F社
返戻率(%)	98.9 元本割れ	108	103	99.2 元本割れ	104	85 元本割れ	106	111

一時払いで加入すると返戻率がアップする商品もあります。他に、低解約返戻金型の生命保険なども利回りが高めです。これは、ある一定期間の**解約返戻金**が低く抑えられているので、早期に**解約**すると大きく元本割れをしますが、その分、毎月の保険料は安く設定されているためです。長い期間をかけてお金を増やしたい教育費の場合、保障を兼ねてこういった商品を利用するのも1つです。保険商品を利用するメリットは、たとえ満期金が少なかったとしても、保険をもちながら積立貯蓄をしているのだと考えられることでしょう。

個人向け国債の変動金10年物を利用する方法もあります。2011年6月募集分から、利率設定方式の変更がされました。低金利時代の今に、元本保証がされていて、やや高めの金利が狙える商品になりました。

また、準備期間が17年間もあるということを考えれば、一部を投資信託などで運用するのも方法です。運用商品を使うことにより、すべてを預貯金で積み立てるより、効率よくお金を増やしていくことができます。投資信託を毎月一定額ずつ購入し、積立投資していく方法です。しかし、進学前に、リーマンショックのような変動があれば損失は大きくなります。使う時期の決まっている教育資金として考えるのは、一部にしてください。選ぶ投資信託も長期投資

を目的としているものを選ばなければなりません。詳しくは「老後資金の考え方」でお話します。

その他の貯蓄性の保険もご紹介しておきましょう。

貯蓄保険は、5年など比較的短い**保険期間**に貯蓄を目的に積み立てる保険です。一部の保険会社しか扱ってはいませんが、保障を災害死亡保障にすることで貯蓄性を高めています。病気での死亡の場合は、払込保険料に応じた死亡給付金が支払われます。

❾ 生命保険の購入方法

岩城
「さて、これまで生命保険を見てきていかがでしたか？」

山本
「種類も多いし、保険料も商品によって違うことがわかりました」

桐島
「会社によってもだいぶ差があるみたいだしな。内容をきちんと把握して入らないと支払金額にかなり差が出るんだね」

岩城
「生命保険は長期契約だからトータル保険料の差は大きいですね。もう1つ、生命保険で知っておきたいことがあるの。保険料の払込みについてです。まず、払い込む期間のことを『払込期間』といいます。払込期間には、例えば60歳までとか、10年間とか一定の期間だけ払うものと、一生払い続けるものがあります。払い込む方法も、月払い、半年払い、**年払い**、前納、一括払い、**一時払い**などがあります。

　前納とは、半年払いと年払いにしている保険料の支払いをまとめ

て数回分払い込むこと。一括払いは，月払いの保険料をまとめて数回分払い込むこと。前納・一括払いした保険料は，保険会社が預かっていることになるので，もし**解約**などをした場合は，未経過分の保険料相当額が払い戻されます。一時払いというのは，保障の期間全体の保険料を契約時に1回で払い込む方法よ」

山本
「ややこしいな」

岩城
「払込みの方法でも保険料は変わってくるわ。**年払い**にすると安くなりますよ」

桐島
「ところでさ，保険ってみんなどうやって入っているの？」

岩城
「依然，保険会社の営業職員や社員の方々から直接買う人が多いですね。でも，他にもいろいろあるの。」

桐島
「僕，ネット生保についても知りたいです。安いって聞くけど，本当に大丈夫なのかなってちょっと不安もあるし，詳しく知りたい」

岩城
「わかりました。説明しましょう」

■**保険料の払込期間**

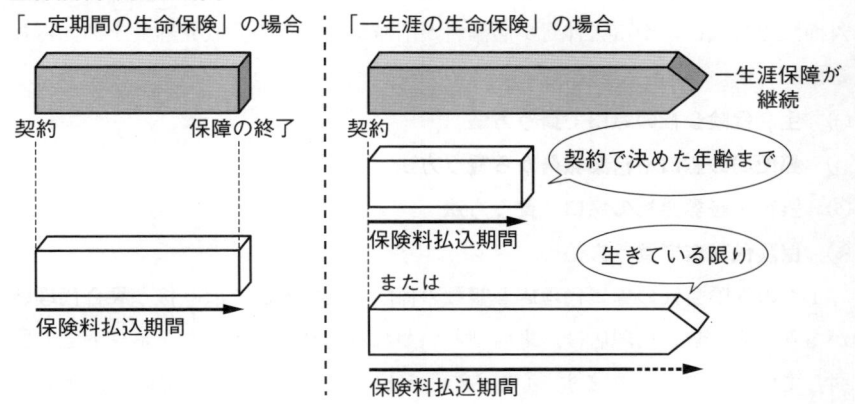

「一定期間の生命保険」の場合　　「一生涯の生命保険」の場合

契約　　　保障の終了　　　契約　　　　　　　一生涯保障が継続

契約で決めた年齢まで

保険料払込期間

または

生きている限り

保険料払込期間　　　　　　保険料払込期間

ではまず，購入方法をご紹介しましょう。

(1)　いろいろな購入方法

①　保険会社の営業職員や社員から直接買う方法

　彼ら，彼女らは，「保険のおばさん」「生保レディ」「ライフプランナー」「ライフ・コンサルタント」などと呼ばれています。会社や家にやってきて，自分の会社の商品を販売する（通常は一社専属制）方法です。ファイナンシャルプランナーという肩書をもっている人も大勢います。これらの人は，**生命保険募集人**資格をもち，多くの場合，固定給ではなく事業所得者で，新契約の獲得実績にリンクした比例給になっています。しかし，最近，一部の大手生命保険会社では，保険を続けてもらうことを重視して，契約者への訪問回数に応じて給与が増減する仕組みを取り入れようという動きもあります。

②　通信販売で買う方法

　インターネットやテレビ，新聞，雑誌などを通じて販売。一部の保険会社では，携帯から申し込めるものもあります。インターネット専業の生命保険会社が2008年に誕生し，対面式の訪問販売と比べて保険料の安さ，商品のシンプルさで注目されています。自分にどのくらいの保障が必要なのか，ネット上で

試算し，商品を選べるようになっています。なぜ，保険料が安いのかというと，対面販売方式にかかる人件費や店舗料が削減でき，その分販売経費を抑えられるためです。

③　生命保険会社の窓口で買う方法
④　郵便局の窓口や営業職員から買う方法
⑤　銀行・証券会社の窓口で買う方法
⑥　保険代理店で買う方法

　1つの保険会社の専属代理店と複数の保険会社の商品を取り扱う**乗合代理店**があります。乗合代理店は，来店型といわれる店舗と，インターネット上で展開しているものがあります。(厳密にいうと，銀行や証券会社での窓口販売，郵便局も保険代理店の1つです) 私たちにとって，比較検討して商品を買えるというメリットもありますが，商品によって販売者側に入る手数料が違うので，保険代理店にとって売りたい商品があるのも否定できません。

⑦　勤務先や労働組合を通じて買う方法
⑧　保険ブローカー（保険仲立人）を通じて買う方法

　第三者的な中立な立場で契約の仲介をします。代理店とは違い，直接契約を結ぶ（契約締結権），保険料を預かる（保険料受領権），告知を受ける（告知受領権）はできません。

(2) インターネット生命保険

　では，桐島さんが関心をもっている，インターネット生保について詳しく見てみましょう。

　インターネット生保の魅力はなんといっても保険料の安さです。ダイレクト販売のため，セールスレディなどの人件費や店舗をもたない，申込みに使用する紙を削減するなどによる物件費等のコストを抑えることができ，これにより安い保険料を実現しているようです。

　この「保険料の安さ」は，私たち消費者にとっても大きな魅力です。現在，インターネット（通信販売）専業の生命保険商品を販売している会社は，ネク

スティア生命，ライフネット生命，損保ジャパンDIY生命保険，オリックス生命保険ですが，今後も増える傾向にあります。各社，共通していえることは，非常に商品がシンプルだということです。「わかりやすくシンプル」は，保険会社にとっても，保険金不払問題から露呈した保険業界への不信を払しょくしていくために生まれた教訓でもあると思います。そういう意味でもインターネット生保が，今，大変注目を集めています。消費者にとっても，わかりやすく，申込みの仕組みが簡素で手間なく加入できることは大きなメリットだと思います。

　一方で，「ネット生保って大丈夫？」「ネット生保って何となく不安なんです」と言う声もまだ依然耳にします。保険金や給付金がちゃんと払われるのかしらと，不安をもっている方がいらっしゃるようです。しかし，私が各社の方々に取材をさせていただいた範囲では，別に特殊なことはありませんでした。インターネットだからという理由だけで検討を避けるのは，少々もったいないかもしれません。

　対面販売と異なるポイントとしては，保険会社側のモラルリスクに対する対応方法でしょう。保険料というのは，あらかじめ年齢や性別の**予定死亡率**などをもとに**収支相当の原則**によって合理的に計算されています。健康状態がよくない人などの契約を無条件に認めていると，例えば，実際の**死亡率**が想定を超え，死亡保険金の支払いが予定以上になることで，保険料の引き上げが行われたり，保険の引受けを止めるなど，他の契約者に損害を与えるおそれがあります。保険会社としては絶対に避けたいことです。健全な被保険者集団を作り，**被保険者**間の公平性を保つためには契約の選択が必要なのです。

　例えば，不正に保険金を得ようとする人もいないとは限りません。わかりやすい例でいうと，働かなくても入院すればお金がもらえるなどと，保険を悪用して保険金を不当に得ようとするケースです。善良な契約者が不利益を被らないために，契約の選択を行うことが大切なのです。契約の選択には3つの基準があります。身体上の危険，環境上の危険，道徳上の危険（モラルリスク）です。

日本初のインターネット専業の生命保険会社であるネクスティア生命に伺ったところ，基本的には，生命保険業界で設けている契約者登録制度というシステムがあり，保険契約の申込みがなされた場合は，個人情報や保険契約の内容を登録し，契約を引き受ける際や保険金支払時の際に参考にしているので大丈夫だということです。また，独自に，ごあいさつをかねてお客様のお電話をして告知内容に間違いがないかなど確認をしているとのことです。

　通常，対面販売だと，営業職員が面接して被契約者や契約者の状態を確認しますが，ネット生保だと，インターネット上の告知になります。そこで，精度の高い告知自動査定システムも導入しているのです。

(3) 生命保険会社が破綻したら

　では，万一，生命保険会社が破綻するとどうなるのでしょう。

　平成10年12月，生命保険会社が万一破綻した時，契約者を保護するために，「**生命保険契約者保護機構**」が設立されました。現在，日本国内で事業を営む全生命保険会社が加入しています。

　生命保険会社が破綻し，**責任準備金**等の削減や予定利率の引下げなどが行われた場合，一般的には保険金額が減少することになります。保険種類等によって減少幅は異なります。**養老保険**や**終身保険**，**個人年金保険**など貯蓄性の高い保険の場合，将来の保険金などの支払いに備えた**責任準備金**の積立額が大きいので，影響が大きくなります。一方，掛捨ての**定期保険**などの場合は，もともと責任準備金の額が少ないため，影響が少なく，保険金額の減少幅も小さい（または減少しない）ようです。

第 2 章　生命保険の基礎知識

■終身保険の責任準備金の積立額のイメージ

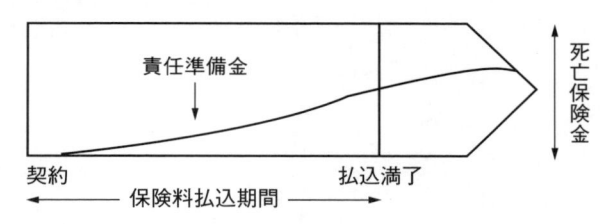

責任準備金
契約　　保険料払込期間　　払込満了
死亡保険金

■定期保険の責任準備金の積立額の推移のイメージ

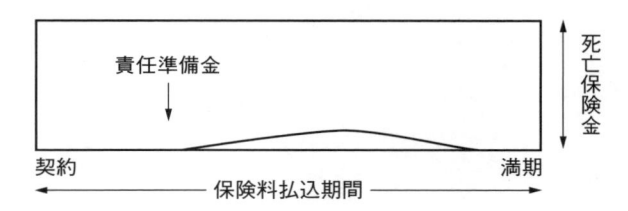

責任準備金
契約　　保険料払込期間　　満期
死亡保険金

　他にも，ネット生保の特徴として，ホームページ上で保険加入のシミュレーションができるということがあります。1人でこっそりできますので，ぜひ，一度，今ご加入の保険と保険料を比較してみてください。また一般に，コールセンターの対応がよい場合が多くあります。

　生命保険は，長期にわたって支払い続けるものです。家の次に大きな買い物なんていわれます。ムダなく適正にもちましょう。シェイプできた保険料はぜひ，資産運用に回し，未来の豊かさを創っていきましょう。

第3章　医療保険の考え方

❶　健康保険の基礎―まずは公的保障を知る

岩城：
「では，次に，**医療保険**を考えていこうと思います。考え方は，これまで見てきたのと基本的には同じ。まず，**公的医療保険制度**を知って不足分を補う目的で保険に加入しましょう」

桐島：
「日本は，**国民皆保険**なんですよね。」

岩城：
「そう。私たちは，職業別にすでに何かしらの健康保険制度に入っていますね。山本さんのような会社員とその扶養家族は，健康保険に入ります。桐島さんのような自営業者や，学生，フリーター，無職者，会社員OBの方々は原則的に，お住まいのある自治体が運営する**国民健康保険**に加入します。2人とも，保険料はどうやって支払っていますか？」

山本：
「保険料？　特に払った記憶はないな。あっ，給料天引きか！」

桐島：
「僕はちゃんと納めてますよ。口座振替で」

岩城：
「健康保険と共済組合の加入者は，給料から天引きで保険料が徴収されています。保険料は原則，事業主と折半です。中には**被保険者**

負担が2分の1を下回る組合もあります。そして、国保は自ら払い込みます」

山本：
「そうか、保険料を支払っている意識がなかったからあまり考えなかったけど、僕らはすでに保障をもっているということか」

桐島：
「ということは、生命保険と同じで、公的医療保障の内容をしっかり知れば、ムダに保険をもつことを避けられるということだね。健康保険に加入しているから窓口負担が3割になるんだよね？」

山本：
「でもさ、たとえ自己負担が3割だとしても、がんとか重い病気で入院して手術を受けたりすると大きな負担だよね。例えば、医療費が全部で100万円かかったら、窓口で支払う自己負担分は3割の30万円にもなるわけでしょう？」

桐島：
「30万って結構大きな負担だね。僕みたいな自営業者は、病気になったら仕事もできなくなっちゃうわけだし。収入は減るわ、医療費はかかるわだとやっぱりきついよ」

岩城：
「そうね、医療費がたくさんかかったらどうしようという不安から、民間の医療保険へ入っておこうって考える人が多いと思います。でも、その前に、ぜひとも知っておきたいことがあるの。一緒に見ていきましょう！」

まず基本的なところからおさえていきましょう。

第3章　医療保険の考え方

(1) 健康保険の仕組み
【国民皆保険】

加入者	医療保険制度	
主に大企業の会社員とその家族	被用者（給与所得者）のための医療保険	組合管掌健康保険
中小企業の会社員とその家族		全国健康保険協会管掌健康保険（協会けんぽ）
国家公務員・地方公務員の職員とその家族		共済組合
私学教職員とその家族		共済制度
農・漁業・自営業とその家族，自由業，無職の人など	国民健康保険	

【公的健康保険】

病気やケガをした時	原則3割負担（小学生以上70歳未満） 高額療養費制度・海外療養費 傷病手当金（国民健康保険はなし）
出産をした時	出産育児手当金 出産手当金（国民健康保険はなし）
死亡した時	埋葬料（5万円）

　健康保険を使えば，病院などの医療機関にかかった時の窓口負担は通常は3割です。例えば，今月100万円の医療費がかかったとしても30万円支払えばいい計算になります。残りの7割，70万円は健康保険など加入している公的医療保険が支払ってくれます。

0歳～小学校入学前	自己負担2割 ※市町村によって自己負担分の補助がある
小学校入学後～69歳まで	自己負担3割 ※市町村によって小学校卒業，中学校卒業まで自己負担分の補助がある
70歳以上	自己負担1割または3割 ※1人暮らしで年収が383万円以上，2人世帯で年収が520万円以上の場合3割負担

※ 75歳以上の人は，これまで加入していた医療保険制度から脱退し，後期高齢者医療制度の被保険者になります。また，一定の障害状態にある65歳以上の人も後期高齢者医療制度の対象になります。

(2) 知っておきたい高額療養費制度

でも，実は，公的医療保険はこれだけではありません。**高額療養費制度**という制度があります。民間保険に加入をする前に，ぜひとも知っておきたい制度です。

一言でいえば，入院や通院の治療で医療費が高額になった時，**自己負担額**の上限（自己負担限度額といいます）を超えたら，超えた分が払い戻されるという制度です。この制度を使えば，さっきの30万円の支払いが，下図のように87,430円で済むのです。

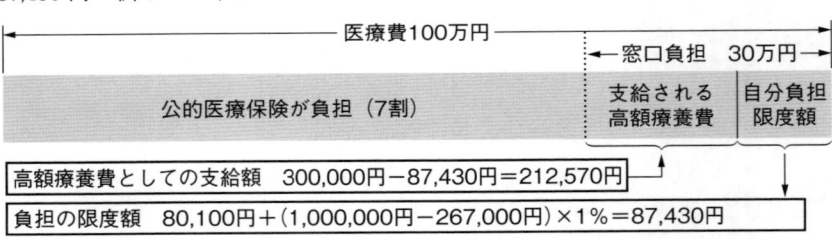

```
|←――――――――― 医療費100万円 ―――――――――→|
                                    |← 窓口負担 30万円 →|
                                    |支給される|自分負担|
|    公的医療保険が負担（7割）       |高額療養費|限度額  |
```

| 高額療養費としての支給額 | 300,000円−87,430円＝212,570円 |
| 負担の限度額 | 80,100円＋(1,000,000円−267,000円)×1％＝87,430円 |

➡ 212,570円が高額療養費として支給され，実際の自己負担額は87,430円
　　　　　　　　　　　　　　　　　　　　　　＊厚生労働省HP参照

高額療養費制度は，原則，同じ人が同じ月に同じ病院（一部の病院では診療科目ごと，入院，通院ごと）にかかった時，自己負担限度額を超えると適用されます。自己負担限度額は所得や年齢によって違います。70歳以上の人には外来だけの上限額も設けられています。

■ 70歳未満

所得区分	自己負担限度額（月額）	多数該当の場合 （4か月目以降）
一般	80,100円＋（医療費－267,000円）×1%	44,400円
上位所得者 （月収53万円以上）	150,000円＋（医療費－500,000円）×1%	83,400円
市町村民税非課税者 （低所得世帯）	35,400円（定額）	24,600円

■ 70歳以上

所得区分	自己負担限度額（月額）	
	通院（個人ごと）	入院および通院（世帯単位）
一般	12,000円	44,400円
現役並み所得者 （月収28万円以上など の窓口負担3割の方）	44,400円	80,100円＋（医療費－267,000円）×1% 〔多数該当　44,400円〕
市町村民税非課税者 （低所得世帯）	8,000円	24,600円
（収入が年金のみの場合 （1人暮らしで約80万 円以下，2人世帯で約 160万円以下等）		（15,000円）

　一見，複雑そうに見える式ですが，例えば，一般の80,100円というのは，267,000円の3割にあたります。つまり，267,000円を超えると1%しかかからないということになります。同じ世帯で直近12か月（1年間）に3か月以上，高額療養費が支給されていると4か月目以降，自己負担限度額は軽減される**「多数該当」**もあります。

　また，高額療養費制度は，家族で他に入院している人がいる場合や，個人ごとで複数の病院で治療を受けた時など，同じ月に自己負担が21,000円以上に

なったものを合算できる「**世帯合算**」という特例もあります。70歳未満の場合，基本的には入院と通院治療は別々に計算しますが，同一世帯で21,000円以上の窓口負担が1か月に2件以上あった場合，世帯全体で計算することができます。合算額が自己負担額を超えれば超えた分は払い戻されます。ただし，同じ公的医療保険に加入していなければいけません。例えば共働き夫婦で，夫が共済組合，妻が健康組合など，家族で異なる公的医療保険制度に加入している場合は合算できません。多数該当も世帯合算も申請が必要なので，お忘れなく。

　このように，1か月に多額の医療費がかかったとしても，ひと月の負担は通常8万円〜9万円程度で収まります。民間の保険への加入は，まず，このような公的制度を知った上で考えていきましょう。さらに，「月に2万円を超える自己負担額には高額療養費として給付する（高額療養費付加給付）」など，独自の上乗せ給付がある組合健保（大企業の従業員が加入）や共済組合もありますので，まずは勤務先で確認してみてください。しかし，残念ながら，国民健康保険や**協会けんぽ**（中小企業の従業員が加入）には，そういう上乗せ制度はありません。自営業者の方は，より自助努力が必要になります。

　医療技術が高度化しているのに伴って医療費は高額になっています。また，月8万円という負担が大きいと感じるならば，保険加入を検討するとよいでしょう。今後，年収300万円以下の世帯の医療費の上限引下げも検討されているようですが。

　そして，もう1つ。高額療養費制度も万能ではなくて，入院時の食事代等の一部負担（※）希望による**差額ベッド代**や保険外診療となる**先進医療**費は対象外です。高額な薬が使えないとか，病気や治療法によっては自己負担の大きくなる場合もあります。そして，気を付けたいのは，高額療養費は1か月ごとに計算する仕組みなので，1回の入院が月をまたぐ場合は，医療費が2か月に分割されてしまうということです。そうなると高額療養費の対象にならなくて負担が大きくなることもあります。

　万が一，自分が病気やケガをした時，どういう治療が受けたいのかよく考えて，**公的医療保険制度**で賄えない分を民間の保険で備えましょう。

第3章　医療保険の考え方

　例えば，入院するなら個室がいいし，できる治療は受けたいという場合，民間保険でその分をカバーするということになります。民間の保険には，治療費の自己負担額分をすべて保障するというものや，先進医療の治療費を保障するものあるのでいろいろ調べてみるといいでしょう。

(※) 入院時の食事等の一部負担額（1食）

一般	260円
市町村民税非課税者 （低所得世帯）	入院91日未満　210円 　　91日以上　160円
70歳以上で収入が年金のみの場合，1人当たり約80万円以下	100円

(3) 高額療養費制度から支給を受ける手続

　この高額療養費を受けるための手続ですが，前もって入院することがわかっている時は，事前に加入する保険の事務局に申請しておけば，窓口での支払いも自己負担限度額まででよくなります。交付された「限度額適用認定証」または「限度額適用・標準負担額減額認定証」と，被保険者証と一緒に病院窓口に提出してください。

　この「限度額適用認定証」は，住所，氏名，保険証の番号，適用を申請する期間などを申請書類に記入し，保険証を添付して自分の加入する健康保険の窓口に申請すると即日交付されます。郵送なら1週間ほどで届きます。保険証があれば家族が請求することもできます。有効期限は1年間です。

　大企業の従業員が加入する，組合管掌健康保険（組合健保）の場合，「健康保険限度額適用認定証」の申請をしなくても自動的に高額療養費の給付制度が適用になることがほとんどです。さらに，組合独自の負担軽減の付加給付制度がある場合もあります。

　通院治療の場合，これまで70歳未満の人は，自己負担分（先の例では30万円）はいったん支払わなければなりませんでした。しかし，2012年4月1日からは，通院でも，「限度額適用認定証」を提示することにより，医療機関の

窓口での支払いを限度額までとすることができるようになりました。これまでは入院の場合のみが対象でしたが，外来診療についても対象となったわけです。これにより，これまで必要だった超過分の立て替えも，払戻しの申請も不要になります。

　あとで払戻しの申請をする場合は，自営業者らは，市町村の国民健康保険課，保険年金課などに行ってください。全国健康保険協会（協会けんぽ）の人は，各都道府県の支部のほか，最寄りの年金事務所（旧社会保険事務所）。組合管掌健康保険（大企業などの従業員が加入）は会社の健保保険組合，健康保険担当部署ですが，申請が不要なところもあります。かかった医療機関（病院や診療所）の領収書，印鑑，銀行などの通帳をもって，手続に行ってください。提出が遅れても，入院，通院した翌月の1日から2年以内に提出すれば払戻しは受けられます。それを過ぎると権利が消滅してしまいますので気を付けましょう。自治体によっては通知サービスをしていないところもあるので注意が必要です。還付には通常3～4か月かかります。でも，民間の医療保険から給付金が出るのにはもっと長い期間がかかることもあります。緊急費用としてある程度の貯蓄は必要ですね。もし，高額療養費の還付までに家計が大変になりそうならば，健康保険には「高額療養費の貸付制度」というものがあります。これは，高額療養費相当を無利息で貸してくれる制度です。貸付額は，協会けんぽの場合は，給付される高額療養費の80％。国保だと約90％の融資が受けられます。ただし，自治体によっては実施していなところもあるので問い合わせをしてみてください。また保険料を滞納していると受けられません。国民健康保険の方はご注意ください。「貸付申込書」に医療費請求書などの必要書類を添付して申請すると，1か月程で融資が受けられます。組合健保の場合は会社に問い合わせてみてください。

(4) 高額療養費制度を利用するための注意点

　では，国民健康保険の保険料を滞納するとどうなるのでしょう。
　そもそも国民健康保険料は，毎年6月頃に，前年の所得によって保険料額が

決定され、納付の告知があります。保険料の納付期限を守っていれば、通常の保険書が発行されます。しかし、滞納していると、督促状が届き、延滞金が付いたり、財産の差し押さえなどの処分があることもあります。滞納が1年未満の場合は、通常の保険証の有効期限より短い「短期保険証」が交付されますが、それでも納めないで1年以上滞納した場合、特別の事情がなければ「資格証明書」が交付されます。(注：自治体によって対応は異なります) 資格証明書をもって病院などの医療機関にかかると、かかった医療費の全額を窓口でいったん支払わなければなりません。後で申請すると7割（70歳以上は9割）が戻りますが、滞納した保険料納入分に充当されて戻らない場合もあります。それでもさらに保険料を滞納し続けていると給付の差し止めということになります。どうしても保険料が支払えない人は、役所や病院の医療ソーシャルワーカー、全国の社会保障推進協議会などに相談してみてください。保険料の減税制度などがあります。

参考：自己負担限度額を算出できるサイト
高額療養費制度について　http://kogaku.umin.jp/

(5) 高額療養費制度の特例

　もう少し、高額療養費制度の特例についてお話ししましょう。
　自己負担限度額の計算には公的介護保険の自己負担額を合算することもできます。「高額医療・高額介護合算制度」です。公的医療保険と公的介護保険の両方に自己負担がある人の負担を軽減する制度です。
　公的医療保険と公的介護保険の自己負担を合計して、自己負担限度額を超えた分が戻ってきます。これも申請が必要です。詳しくはご加入の医療保険にお問い合わせ下さい。
　もう1つ、「高額長期疾病（特定疾病）制度」というものがあります。
　高額な治療を長期間続けなければならない人工透析をする慢性腎不全や、血友病、HIV感染の患者さんの場合、自己負担額は原則月1万円までとなって

います。他に，原因がわからず治療法の確立していない難病のうち，治療費が高額になる45疾患については，「特定疾患治療研究事業」という仕組みがあって，患者負担は軽減されています。

さて，先日のことなのですが，医療費についてこんな話を伺いました。

都内の会社にお勤めの50歳代のサラリーマンの男性Aさん。仕事中に，突然の腹痛に襲われました。大きな病院が近くにあったもので，救急車を呼ばず，タクシーで行かれたそうです。緊急入院ということになり，2週間入院されました。

退院時に請求された入院費用は95万円だったそうです。内訳は，医療費の窓口負担が25万円と差額ベッド代が70万円。Aさんは，同僚に，「やっぱり保険に入っていてよかったよ。日額1万5千円出るから，20万円ほどは返ってくる。」とおっしゃったそうです。

さて，このケース，まず，高額療養費制度で，申請すれば払いすぎた分は返ってきますね。そして，もう1点知っておきたいポイントがあります。それは，病院が差額ベッド代を請求できないケースがあるということです。入院時に，4人以下で一定の広さが確保されている病室を利用すると，保険から支払われる室料との差額は全額自己負担となります。これを「差額ベッド代」といいます。通常，6人部屋などの大部屋の場合，公的医療保険が適用されるため，特別な自己負担の必要はありません。でも，個室などを希望すると，大部屋との差額料金（差額ベッド代）が全額自己負担になります。差額ベッド代は，平均すると5,000円から6,000円ですが，中には3万円という部屋もあります。こうした差額ベッド代のかかる病室に入院する際には，病院は患者の同意を得ることとなっています。つまり，以下に該当する時は，差額ベッド代は請求されないのです。これは，厚生労働省の通知しているものです。

1．同意書による確認を行っていない（室料の記載がない場合も含まれます）
2．感染症や重症など治療上，個室に入る必要がある場合
3．院内感染の予防など病棟管理が必要な場合

　Aさんの場合，緊急かつ重篤な症状で，治療上の必要から差額ベッド代の

発生する病床に入り，かつ，料金を明示されて説明を受け，同意書を交わした上での（患者の署名が必要）入院ではありませんでした。

このAさん，後で，請求をしてお金を返してもらうことはできましたが，知らないままなら請求せずに終わっていたでしょう。これは，知名度の高い大学病院での話です。

病院から言われた通り，支払いをされている方が多いようですが，ぜひ，差額ベッド代を請求されない基準をお知りおきいただいて，理不尽な請求を鵜呑みにされませんよう。差額ベッド代は，希望しないとかかりません。もし，差額ベッド代のトラブルにあったら，

・厚生労働省保険局医療課に相談
・加入している**健康保険組合**，政府管掌健康保険（地方社会保険事務局）や都道府県の国民健康保険主管課，老人医療は担当窓口に相談をしてみてください。

また，ささえあい医療人権センターCOML（コムル）という大阪のNPO法人も，電話相談に応じてくれます。

高額療養費制度の対象外となっている先進医療については，技術料は全額自己負担になります。診察料，検査料，投薬料，入院料など基礎部分については公的医療保険の適用になります。

入院すると，パジャマや洗面道具など身の回りの日用品のほか，テレビカード代などの雑費，お見舞いにくる家族の交通費や食費など，予想外の出費もかさみます。特に自営業者の方は，入院中，収入が減ってしまう場合もあります。ある程度の預貯金があれば対処できるので，すべてを保険に頼ることはないと思います。生活予備資金として半年から1年分くらいの貯蓄をした上で，医療保険を考えるとよいでしょう。ただ，がんの治療に保険適用外の新薬などを使うと，大変高額な医療費がかかるという事実もあります。**がん保険**の考え方については後述します。

公的保障について把握できたら，どのような私的保険で補っていけばよいか

を考えていきましょう。

❷ 就業不能保険の考え方

桐島：
「僕たち自営業者は，どういう保険に入ればいいのかな」

岩城：
「自営業者やフリーランスでお仕事をされている方は，入院をしたり，ケガで働けなくなったりした場合，医療費がかかる上に，収入が減りますね。そんなリスクをカバーするために保険に加入したほうがいいでしょうね」

山本：
「サラリーマンには保障があるんですか？」

岩城：
「サラリーマンの方は，まず，会社の年次有給休暇（年休）が利用できるでしょう？ それでもまだ働けずに，給料がもらえない場合は，今度は健康保険から**傷病手当金**が受け取れます。傷病手当金は，原則，病気やけがによる療養のための労務不能状態で給料がもらえないことが支給要件。連続して3日以上休んだ場合に4日目から支給されます。支給金額は，報酬標準日額の3分の2で最長1年6か月よ。その後，病気やけがの初診日から原則1年6か月経過した日（障害認定日）か，それ以前に障害状態になったと認定されると，公的年金から**障害年金**を受給することができますね」

| 3日 | 傷病手当金 平均報酬月額3分の2（1年6か月） | 障害年金（一生涯） |

山本：
「障害基礎年金に加えて障害厚生年金も受け取れるんだったよね」

桐島：
「だけど，僕ら自営業者は，有給もなければ傷病手当金もなし，障害年金は障害基礎年金のみか。しかも1級2級に該当した時だけだし。公的保障が薄い僕らは，自覚をもって自分たちの生活は自分たちで守らなくちゃいけないわけですね」

岩城：
「所得の保障も兼ねて少し多めに**入院給付金**が出るように**医療保険**に加入するのも1つの方法です。でも，医療保険は入院しないと保険料は支払われないし，入院給付金には支払限度日数もあるので，例えば在宅療養をした場合や療養が長期になった時のことも考えておかなくてはね。病気やケガで長期間働けなくなった時，お給料のように月ごとの給付のある保険に入ることも検討してはどうでしょうか？」

(1) 就業不能保険とは

病気やケガで長期間就業不能状態になった時，お給料のように月ごとの給付を行う保険を就業不能保険といいます。損保では所得補償保険といいます。欧米では歴史も長く，広く普及し，必要な保険だという認識も高いそうですが，日本ではまだ認知度は低いようです。おそらく潜在的なニーズは多いと思うのですが。

住宅ローンを抱えていたり，子どもの教育費がかかっているご家庭では，長期の療養となれば社会保障だけではとても足りないでしょう。入院日数は，短くなる傾向にあるものの，一方で，ひとたび入院して長期療養になると入院日数は長期化する傾向にあります。長期入院を余儀なくされている患者が依然存

在することは否めない事実なのです。事実，生活保護世帯の開始理由のうち，40.3％が「世帯主の傷病」だというデータもあります。（『わが国におけるディサビリティ保険市場の発展と課題』ライフネット生命商品開発部　杉田和也氏より・下の表も同論文より引用させて頂きました）

■生活保護開始の主な理由別世帯数の構成割合（平成20年）

保護開始の理由	世帯数（世帯）	構成割合（％）
傷病による	6,838	41.9
急迫保護で医療扶助単給	1,605	9.8
要介護状態	84	0.5
働きによる収入の減少・喪失	3,217	19.7
社会保障給付金・仕送り等の減少・喪失	739	4.5
貯蓄等の減少・喪失	2,842	17.4
その他	985	6.0

〔出所：厚生労働省「社会福祉行政業務報告（福祉行政報告例）」（2008年）をもとに作成〕

　医療保険では，**1入院**6か月以上の長期入院は保障されません。十分な貯蓄がない場合，世帯主が病気やケガで長期間働けなくなくなると，たちまち家族が困窮しかねないという現状があります。また，障害発生率を見ても，**死亡率**に対し，決して小さな数字ではありません。死亡に対してだけではなく，就業不能というリスクについても十分考えておく必要があるようです。

　現在，収入を保障する保険は決して多くはありません。生命保険会社で取り扱っている就業不能保険は，長期保障型のライフネット生命の「働く人のための保険」と，短期保障型の損保ジャパンDIY生命の「1年組み立て保険」に付加することができる就業不能保障特約，東京海上日動あんしん生命の5大疾病による就業不能保険特約です。また，損保では，長期保障型の日立キャピタル損保「リビングエール」他，1～2年の短期のものがあります。所定のがんと診断された時にがん収入保障年金を受け取れるアクサ生命の「収入保障のがん保険」などもあります。

(2) 仕事ができなくなった時のための保険

① 就業不能保険（所得補償保険）

病気やケガで全く仕事ができなくなった時，所得を補償する保険です。入院をせずに在宅の療養でも仕事ができない状態ならば補償されます。がんなど特定疾患に限定したものもあります。

就業不能保険は，給付期間が長期のものと短期のものがあります。

保険金額は，その人の1か月の所得の範囲内で決められます。通常，1年間の就業による平均月額の4～8割となっています。これは，就業不能による収入の補償（補填）を目的とするためです。幸いにも**保険期間**中に何もなければ，無事故戻しとして満期時に保険金の20%程度が払い戻されるものもあります。保険期間が2年以上の設定だとありません。

免責期間は，一定期間設定されているもの，選択肢から選べるものがあります。免責期間は，**被保険者**が就業不能状態になる都度発生します。免責期間が長いほど保険料は安くなります。保険料は，職業，年齢，保険期間，免責期間別に定められています。

② 団体長期障害所得補償保険（GLTD）

企業などが福利厚生の一環として従業員を被保険者として加入しています。20～30年の長期にわたっての補償が可能です。精神障害補償特約を付帯することで，例えばうつ病などの一部の精神障害が原因で働けない状態になった場合，最長で2年間保険金が支払われます。ただし，対象にならない精神障害もあります。

③ 債務返済支援保険（CLTD）

ローン返済相当額が保険金として支払われる保険です。通常，銀行等で住宅ローンを組んだ場合，団体信用保険への加入が義務付けられています（フラット35は任意加入です）。この**団体信用生命保険**に加入することで，万が一のことがあった場合には，住宅ローンの残額は保険金で補い，完済することができます。その結果，残された家族が住宅ローンという大きな負担を負うことなく，安心して生活することができます。しかし，この団体信用保険は，死亡や高度

障害の時にはカバーされますが，病気やケガなので就労不能状態になった時はカバーできないのです。（三大疾病（がん・急性心筋梗塞・脳卒中）になった場合の保障が付いた団体信用保険もあります）債務返済支援保険は，そんな病気やケガで働けなくなり，住宅ローンの返済に困窮した時のための保険です。団体信用生命保険とは異なり，返済途中からでも加入できます。30日の免責期間後，病気やケガで働けない状態が継続して30日を超えた場合に，31日目から保険金が支払われます。就業不能状態であれば自宅療養でも保険金を受け取ることができます。保険金の受取期間（補償期間）は3年のものが多いようです。

(3) 就労不能リスクを正しく認識する

就労不能についてですが，もし，業務上のケガなどで働けなくなった時は，**労働災害**に該当します。業務上，または通勤途中に，労働者がケガや病気になった場合，障害が残った場合，死亡した場合等に，被災労働者，またはその遺族に対して所定の保険給付を行う制度です。労働災害には，労災保険が適用されますので，医療費負担はありませんし，休業補償給付も受けられます。

就業不能リスクについて正しく認識し，必要に応じて備えを講じていただきたいと思います。就業不能保険に対して関心が高まれば，今後，これらに対する競合商品が出てくるかもしれません。私たちにとって選択肢が増えることを期待したいと思います。

❸ がん保険の考え方

山本：
「僕の会社の先輩で，先日がんで会社を辞めた人がいるんです。聞くところによると，とても大変そうなんだ。収入が途絶えた上に，すごく治療費がかかるって」

第 3 章　医療保険の考え方

岩城：
「がんについては心配している人が多いですね。日本人の死因の3分の1を占めるといわれているので，無理もないです。調査（※）によると，がん未経験者は，治療費に300万円以上かかるのではないかと回答した人が3割以上。がんに対する心配はつきないよう。でも実際には，50万円程度が36.3％，100～200万円程度かかった人が約半数。300万円程度かかった人も12.1％でした。例えば，健康食品などを含めて自己費用としている人もいるので，正確に医療費がどのくらいというのはわからないけれど，闘病には多額の費用と時間がかかるというのは間違いないようね」

桐島：
「やっぱり保険に入っておいたほうがいいんでしょうか」

岩城：
「そうね。でも，その前に，がん治療の実状を知りましょう。この10年で治療の実態も大きく変化しています。まず，入院日数の短縮化があげられます。厚生労働省の患者調査によると，入院で治療する割合はほぼ同じですが，平均入院日数は，平成20年には約23.9日と，平成8年の46日の半分にまで短くなっているのです。
　一方，通院で治療する割合は急速に増えています。これは，がん検診の推進で早期にがんが発見されること，医療技術の進歩，国の医療費抑制策などによると考えられるわ。また，新たな抗がん剤の登場などで，治療費は高額に，そして長期にわたるようになっていますね。こういう実状に合わせて民間の保険も変わってきているわ。詳しく見ていきましょう」

（※）アフラック　2011.4.26　プレスリリースを参照

これまで，がん治療といえば，がんを切除する外科手術が中心でした。その

ため，入院日数も長くなることから，これまでの**がん保険**は，入院保障が充実したものが中心でした。しかし，このところがん治療の様子が変わってきており，がんの入院期間は短縮傾向にあります。これは，治療方法に関係があります。

「手術治療」「放射線治療」「抗がん剤治療（ホルモン治療も含む）」をがんの三大治療といいますが，それぞれが，日進月歩で技術進歩しています。

例えば，「手術治療」は，腹腔鏡や内視鏡での手術で切除範囲を小さくすることで，機能を温存でき，手術後も回復が早く，後遺症も減少するそうです。「放射線治療」では，ピンポイントで照射する粒子線などが登場したことで，照射量も少なく，身体への負担も軽減されるようなりました。がん治療と手術後に再発予防として行われる「抗がん剤治療」は，これまで強い副作用に悩まされることが多かったそうですが，分子標的薬の登場で大幅に緩和されるようになったそうです。これは，抗がん剤を使用の拡大につながるということです（以上，アフラックさんの資料を参考にしました）。

このような実状をふまえると，がんになっても必ず入院や手術をするとは限らないということ。そして，5年生存率は年々延びているということから，（がん研究振興財団のがんの統計より），継続して治療を続けるのにはかなり高額な費用が必要になることを考えておかなければなりません。実際，がん治療経験者の約半数以上の方が，手術，抗がん剤治療，放射線治療（ホルモン治療も含む）を組み合わせて行い，その8割以上が抗がん剤治療をしているそうです。抗がん剤治療は，通院で行われるため，**入院給付金**では賄われない部分です。

では，どういう保険を選べばいいのでしょう。

まず，**医療保険**の中で，がんのみを対象にして保障するものを「がん保険」といいます。各社様々な商品を販売しています。がん保険では，「がん診断給付金」「がん入院給付金」「がん手術給付金」「がん通院給付金」「がん死亡保険金」などが受けられます。給付金があれば，健康保険の対象になっていない**先進医療**や**自由診療**を受けることも可能になります。治療の選択肢が増えるということですね。

がん保険は，がんだけに対象を絞っているので，他の医療保険に比べて保険料が割安になっています。また，がん保険の特徴として，**1入院**（1回の入院）での**入院給付金**の給付日数が無制限になっていることです。医療保険は，商品によって様々ですが，1入院120日，通算1,095日が限度です。また，がん保険は，特定疾病保障保険とは違って，給付金が支払われたからといって契約が消滅したりはしません。

高額療養費制度があるので，1か月の治療費で見ると，**自己負担額**約8万～9万円というのは払えそうな金額ですが，でも，これが何年も続くと，**多数該当**で月負担が4万4,000円（4回目から）に軽減されたとしても，負担は大きくなります。十分な貯蓄があればいいですが，心配な人は，ある程度の年齢になったら，「がん保険」を検討することは必要かもしれません。

がん保険を考えるポイントは，4つあると思います。
1つは，診断給付金などの一時金としてある程度の保険金を受給できるか。
2つめは，通院保障や入院保障など，どういうシーンで保険金が受け取れるのか。
3つめ，自分が望む治療をイメージする。先進医療を受けたい，保険適用外の新薬を使いたい，個室で療養したいなど。
4つめは，終身にするかどうか。
特に考えどころは，4ではないでしょうか。

日本人の死亡原因の3分の1ががんだという現実があり，高齢になるほど発症率は高くなります。年をとった時に十分な保障を得るために，終身で保障をもつほうが安心という考え方があります。もちろん，貯蓄で賄える人は必ずしも必要ではありませんが。10年などの更新型だと，**更新時に保険料が上がる**ので注意が必要です。でも一方で，若いうちは安く定期でもって，その分貯蓄をしてという考え方もあります。また，治療の状況が今後変わる可能性もあります。事実，今，通院保障をより充実させた保険が登場してきています。アフ

ラック「生きるためのがん保険 Days」，NKSJ ひまわり生命「勇気のお守りソレイユ」，アクサ生命「治療保障のがん保険」などです。

　各社，時代に合った**特約**を開発したり新商品を発売したり企業努力を続けています。でも，充実した保障をもつと，残念ながら保険料負担は大きくなります。アフラックのように，新しい保障内容にバージョンアップできるものもありますが，一般的には，解約をして新しい保険に入り直さなければなりません。年齢を重ねてからの契約は，保険料が高くなります。すでに，入院保障をもっている人なら，入院保障のないアクサの「治療保障のがん保険」の基本保障を合わせてもつという方法もあると思います。

　いずれにしても，公的医療保障の**傷病手当金**のこと，**障害年金**の対象になる可能性があること，また，40歳以なら末期がんは**介護保険**の給付対象でもあります。自分が想定するリスクと，万一の場合，どのような治療を受けたいかということをよく考え，保険を選びたいものです。

　がん保険加入の際に気を付けたいポイントをあげておきます。
・契約して90日（3か月）は免責期間で，がんになっても保障はされない。
・診断給付金は，「1回のみ」「複数回出る」ものがある。しかし，複数回出るものも，がんにかかって2年以上経過していることという条件が付いていたり，2年以上経っていても同じがんの場合は保障されない商品もある。逆に2年以上経って入院すれば何度でも給付金が支払われるものもある。再発しなくても通院治療をサポートする給付金が出るものもある。
・収入保障タイプのものもある。これは，診断給付金を例えば5年にわたってもらえると考えとよい。
・上皮内がんと呼ばれる軽度のがんは対象になっていないものもある。
・終身型には，60歳や65歳までに保険料の払込みを終える「短期払い」の商品もある。
・がん先進医療給付金は，保険料が安いのでお勧めですが，給付を受ける可能性は低いことを知っておく。

- **がん保険**の中には，経過年数ごとに給付金が毎年一定額増加し，罹患せずに満期時を迎えた場合，無事故給付金が支払われに実質的な保険料の負担がゼロになるという商品もある。がん以外で死亡した場合は，既払保険料相当額が支払われる（**医療保険**にも実質の保険料がゼロになるという保険がある）。

❹ 先進医療

山本：
「**先進医療**についても詳しく知りたいんですけど。すごくよさそうですよね」

岩城：
「CMでもよく聞くし，すごい医療のように感じますね。先進医療技術というのは，大学病院をはじめとする医療機関で行われる最先端の医療のうち，厚生労働大臣によって承認を受けた医療機関で行われる特定の医療技術のことなの」

桐島：
「ややこしいですね」

岩城：
「身体的負担が少なくがんが治療できるっていうメリットがうたわれています。治療や検査をしたりお薬をもらったりする通常の医療というのは健康保険の適用となって基本3割負担でした。でも，先進医療の技術料には健康保険は適用されないので全額自己負担。もちろん**高額療養費制度**の対象にもなりません。民間の**医療保険**の**先進医療特約**というのは，この技術料の部分に対して支払われるものなの。先進医療は，まだ公的医療保険の対象にはなっていないけれど，保険を適用すべきかどうかという検討段階にある医療ってポジションですね」

山本：
「適用されればどうなるんですか？」

岩城：
「保険適用になれば当然除外されます。**先進医療特約**の支払対象にはならないということね」

桐島：
「内容を時々確認する必要があるわけだ」

岩城：
「逆に，新しい先進医療というのも出てくる可能性があるわけだから，保障内容がその変更に対応する商品かどうかの確認も必要ですね。先進医療保険特約の付いた民間保険を検討する時は，給付金の上限や，実費を給付してくれるのか，一定額を給付なのか，回数制限や保障の範囲の確認をしなくてはね。また，最近多くなったがんなどの通院治療でも適用されるのかどうか，また，先進医療を実施している医療機関は限られているので，遠くの病院にかかる場合に交通費は支払われるのかも確認しておくといいでしょう。あと，保険料は上がるのかなどね。会社によって様々なので，きちんと内容を把握する必要があります」

　先進医療技術とは，大学病院などをはじめとする特定の医療機関で行われる最先端の医療のうち，厚生労働大臣によって承認を受けた特定の医療技術のことです。厚生労働省が定めた医療機関以外での治療や手術は，たとえ，先進医療と同じ内容であったとしても先進医療ではありません。
　先進医療は，治療時の身体的負担が少なくてがんが治療できるなど利点が上げられています。
　先進医療は，まだ公的医療保険の対象にはなっていないけれど，公的医療保

険の対象にすべきか検討段階にある治療や手術とされています。評価の結果，保険の適用になったり，また，評価対象から外れることもあります。

先進医療を受ける際の検査や投薬，入院費用は健康保険の適用となりますが，先進医療の技術料には健康保険は適用されないので全額自己負担ということになります。もちろん**高額療養費制度**の対象にもなりません。民間の医療保険の先進医療特約は，この技術料の部分に対して支払われるものです。

そもそも，保険診療は，公的医療制度の対象で自己負担は3割です。一方，**自由診療**というのは，保険がきかず全額自己負担になります。

日本では，公的医療保険の対象となっている保険診療とそうではない自由診療を両方同時に受けると，本来は保険が適用される保険診療の部分までもが全額患者負担になってしまいます。混合診療というのですが，これは原則として禁じられているんですね。ただし，保険外併用療養費制度といって保険診療との併用が認められているものもあります。先進医療がその1つです。保険診療と一緒に受けると，先進医療の技術料部分だけが自己負担となります。その他の部分には保険がきいて3割負担で済みます。

先進医療のうち7割ががんの治療だそうです。高額になるのは，「**重粒子線治療**」「**陽子線治療**」「腫瘍脊髄骨全的術」の3つで，300万円くらいかかるそうです。そのほかの先進治療は，10万円未満のものが多いそうです。

重粒子線治療を受けた患者さんは，平成20年7月から21年6月までで，年間779人と，確率的にはかなり低いようです。これは，治療費が高額だということ以外にも，実施している医療機関や技術がまだ限られていることや，誰にでも適した治療法とはいえないなどが理由のようです。2012年2月1日現在で，95種，重粒子線治療，陽子線治療に限っては，日本に10カ所の病院でしか行っていません（厚生労働省「先進医療を実施している医療機関の一覧」より）。

もちろん，万一の時，治療の可能性を最大限にもっていたいという人には，保険料が安い先進医療特約は検討の価値がありますね。高額な先進医療の費用を割安な保険料で賄えるわけですから。ただ，先進医療を受ける確率が低いか

ら保険料が安いということも知っておきたいですね。

もう少し詳しく　会社を辞めたら健康保険はどうなるの？

　会社員は「健康保険」に加入していますので，会社員でなくなれば，原則的には健康保険から**国民健康保険**に移ることになります。でも，2か月以上，健康保険に加入していたら，退職後も任意で健康保険に加入し続けることができる「**任意継続加入**」という制度があります。

　健康保険料は，会社が半分を負担してくれていますが，任意継続加入の場合は，自分で全額を支払わなければなりません。でも，もし，退職時の給与額が，その健康保険に加入している人の平均月額を比べて高ければ金額が変わってくる可能性もあります。支払う保険料は，本人の月給と加入者の平均と比べて，低いほうに保険料率をかけたものになります。一方，国民健康保険料は，基本的には前年の所得から算出され，市町村によっても違いますので，どちらがお得か保険料を比べてみるいいでしょう。医療機関にかかった時の自己負担3割というのはどちらも変わりません。

もう少し詳しく　海外旅行先でのケガや病気。公的医療保険使える？

　もし，旅行先で，ケガや病気になって，現地の医療機関で治療を受けた場合，帰国してから請求手続をすれば，公的医療保険の給付を受けることができます。手続には領収書と治療の内容証明が必要になりますので，忘れずに書いてもらいましょう。

　ただし，外国の医療機関で支払った全額が戻ってくるわけではありません。日本で決まっている**診療報酬**を基準に計算されます。また，支払った治療費がこれより安ければ，実際支払った金額をもとに計算されます。

　欧米などは治療費が割高で，大きな負担になりますので，旅行の際は，海外旅行保険などに加入すると安心です。基本的には，支払った全額が戻ってきます。加入は，空港の自販機で簡単にできます。旅行会社の店頭やインターネットでも加入OK。また，カードに付帯している保険を利用す

る方法もありますのが，カード会社によって保障内容や支払いには様々条件があるので確認を忘れずに。

第4章　医療保険の基礎知識

❶　医療保険の考え方

岩城：
「まとめてみると，**医療保険**は，医療に対する保障を目的にした保険で，保障を受けられるのは，病気やケガで入院や手術をした時ですね。だから，死亡給付金はあったとしても少額。ないものも多いわ。医療保険は満期金がない掛捨てがほとんどですね。更新型と終身型があります」

山本：
「結局，選ぶポイントは何なんでしょうか？」

岩城：
「まず入院日額を考えてみるのがいいでしょう」

桐島：
「**国民健康保険**では**傷病手当金**が給付されないし，僕は日額1万円くらいは入っておこうかな」

山本：
「僕は，公的補償が割と充実しているのもわかったし，日額5千円くらいでいいかな」

岩城：
「次に考えるのは，入院の日数。日帰り入院から保障されるもの，1泊2日からのもの。そして昔からある4日間は免責で，5日目から保障されるものがあります。そして，**1入院**の支払限度額も，60日型や120日型，180日型とかいくつも種類があるんです」

山本：
「**がん保険**は無制限でしたよね？」

岩城：
「そうですね。がん保険だと何日入院しても，すべて給付金が支払われます」

山本：
「ということは，がん保険にも入るなら，そう長くはいらないのかな。入院日数は短期化しているってことだし。僕は，日帰り入院から保障されるもので，60日型でいいかなあ」

桐島：
「でも，病気によって入院日数って違うだろ？ 脳血管疾病とかは結構長引くってきいたぞ。僕はもう少し長い保障があるほうが安心だな」

岩城：
「自分が安心のために保険に入るわけだから，よく考えたいですよね。治療が長くなりがちな**7大生活習慣病**になったら**1入院**の日数が長くなるという保険もあります。ただ，一般的に，長い保障をもつと保険料はその分高くなるということを覚えておいてください。逆に，何日目から給付金が出るタイプにするかは，免責がない短期の入院保障のほうが高くなるわね。でも，通信販売だと今，かなりお安い保険料のものもありますよ」

(1)「1入院」

　医療保険は入院日数で保険金が支払われます。同じ病気や関連する病気で入退院を繰り返した場合，その間の期間が180日を超えていないと「1入院」となります。例えば，1入院の支払限度日数が60日の保険に加入していたとします。最初30日間入院して，その後，自宅療養を1か月して，それからまた

第4章　医療保険の基礎知識

同じ病気で再度40日間入院した場合を見てみましょう。

| 30日入院 | 自宅療養1か月 | 40日入院 |

　それぞれの入院日数は，60日以内ですが，2度の入院の間が180日経過していなので，この2回の入院は「**1入院**」とみなされます。ですから，**入院給付金**は，30日＋40日＝70日のうちの60日分しか出ません。日額5,000円の保障なら，5,000円×60日＝30万円の給付金が受け取れます。2回目の入院が全く別の病気で，2つの入院に全く関連がない場合にはそれぞれ支払われます。このように，医療保険は入院日数で保険金が支払われますが，中には，診断された病気やケガごとに給付金が決まっていて，で一時金が支払われるものもあります。

もう少し詳しく　入院給付金。これって受け取れる？

Q　1泊2日の人間ドッグ　　No　→　検査は基本的対象外。しかし，病気が発見され，緊急入院ということになれば，そこからは支払対象になります。

Q　正常な分娩　　No　→　例えば帝王切開など異常があれば保険金は支払われます。

Q　美容整形　　No

---

(2) 手術給付金

　次に手術給付金についてみてみましょう。手術の種類によって入院日額の5倍，10倍，20倍が支払われるもの，定額で支払われるのもがあります。定額というのは，例えば10万円とか一定額が給付されます。また，手術給付金が全くないものもあります。手術給付金をなしにすればその分保険料が安くなります。

手術給付金を定額にするかどうか，この考え方はいろいろですが，高額医療制度を利用すれば，**自己負担額**は8万～9万円で済むことが多いので，10万円くらいでも十分ではという考え方もあります。定額のほうが保険料は安くなりますし，給付額を抑えれば，その分保険料は安くなります。保険は万一のためのものなので，保険料は極力安く抑え，もしもの時のために貯蓄をするという考え方もありますし，せっかく保険に入るのだから，もし手術をしたら，それなりの保険金が出ると安心だという考え方もあります。

　入院給付金の対象になるのは，**所定の88種**といって，保険業界基準で定めたものについてです。ネット生保などでは，手術給付金の保障範囲を「公的医療保険の対象手術全般」に拡大しています。これにより，給付内容がわかりやすくなり，給付金が迅速に支払われるというメリットがあります。

　また，保険商品によっては，現行の88種類の手術給付金の対象にならなくても，「扁桃摘出術」などのように公的医療保険で保険給付の対象となる手術に対して一定額の見舞金が出るようなものもあります（**公的医療連動型保険**）。

(3)　保険期間

　悩ましいのは，更新型にするか終身型にするかということですが，終身型は保険料が一生変わりません。契約当初は，更新型のほうが保険料は割安ですが，更新型は，**更新**時に，その時の年齢や保険料率で再計算されるので保険料は更新の度に上がることになります。契約時点での保険料は，更新型より終身型のほうが高くなりますが，トータルの保険料や月平均額で見ると，終身型のほうが安い計算になります。

　でも，30年後の入院日額5,000円の価値はどうなのかという視点もあります。さらに，医療技術は日進月歩，保障内容が医療の実態に合わなくなるということも否定できません。

　医療保険を考える時は，まず以上の3つについて考えてみてください。

　他に，よく質問を受けるものに，お**祝い金**が出る保険はどうなのですかというのがあります。お**祝い金**というのは，生存中に一定期間を経過するごとに生

存給付金を受け取れるというものです。お得なような気もしますが，その分，ちゃんと保険料に上乗せされていますので，ないものと比べ，もちろん保険料はその分割高になります。決して保険会社からお祝いではありません。

❷ その他の医療保険

医療保険には次のようなものもあります。

(1) 医療費用保険

ケガや病気で入院すると，3割の自己負担の他にも**差額ベッド代**や付添人へ支払う費用などの費用がかかります。このような実際にかかった費用や，健康保険や**国民健康保険**など公的医療保険制度の対象とならない費用を一定の範囲内で保障する保険を，**医療費用保険**といいます。

医療保険は，一定額の給付ですが，医療費用保険は，実際にかかった費用が，治療費用保険金，入院諸費用保険金，**先進医療**保険金などとして契約の限度内で支払われます。

(2) 特定疾病保障保険

特定疾病保障保険（三大疾病保障保険，重大疾病保障保険）は，がん，急性心筋梗塞，脳卒中で，所定の状態になった時，一時金として保険金が受け取れる保険です。生前給付ということになります。特定疾病保険金が支払われたら保険契約は消滅します。受け取らずに死亡した時，つまり，三大疾病にならないで，死亡したり，他の原因で高度障害になった場合には，同額の保険金が受け取れます。定期タイプと終身タイプがあります。会社によって，単独加入できたり，**自由設計型保険**の中で**特約**として付加しないと加入できないなど様々です。でも，急性心筋梗塞と脳卒中は，所定の状態が何日以上継続しないと給付されないもの，治療を目的として入院したらすぐ受け取れるものなど，商品によっていろいろあるので注意が必要です。がんは3か月の免責期間がありま

すので，保障は 91 日目からになります。

(3) 介護保険

介護保険は，病気やケガで寝たきりになったり，老齢で認知症になった時など，一定の障害状態が一定期間以上継続した時に介護一時金や介護年金が受け取れる保険です。要介護状態の認定基準は，各社約款に定めています。公的介護保険と異なる場合も多いので注意が必要です。同じ基準を採用したものもありますが，厳しい基準になっているものが多いようです。

支払いの対象になる要介護状態は，「認知症のみ」と「寝たきりと認知症の両方」の 2 つのタイプがあります。なお，大手保険会社では，「生きるための保険」として，主力商品になりつつあるようです。

❸ 医療特約について

医療特約は以下のようなものがあります。会社によっては**特約**の名称や内容が異なる場合がありますので，ご注意ください。

① 死亡保障特約

例えば入院日額の 500 倍などの死亡保険金が支払われます。

② 傷害特約

災害により事故の日から 180 日以内に死亡したり，所定の感染症で死亡した時災害保険金が，また所定の身体障害になった時はその程度に応じて障害級金が支払われる。

③ 災害入院特約

不慮の事故や災害で，その事故の日から 180 日以内に継続して 5 日以上入院した時，5 日目から「**入院給付金**」が受け取れます。**1 入院** 120 日，通算 1,095 日が限度です。

④ 特定損傷特約

不慮の事故により 180 日以内に「骨折」「関節脱臼」「腱の断裂」の治療を受

けた時に給金が受け取れます。通算限度があります。中には，高齢者，子ども，女性を特に意識して，「特定損傷特約」が付加できるものもあります。例えば，子どもに多い骨折，女性が気になる顔のケガ，高齢者向けに骨折，脱臼などの保障が手厚くなっています。

⑤ 疾病入院特約

通常，病気で継続して 5 日以上入院した場合に，5 日目から「入院給付金」が受け取れます。4 日間は免責になるため受け取れません。1 入院（1 回の入院）および通算日数には限度があり，会社によって異なります。1 入院 120 日通算 1,095 日が限度。

また，病気や不慮の事故で所定の手術をした時には「手術給付金」が受け取れます。「手術特約」として，別の特約として取り扱っている保険会社もあります。通常，保険業界基準で定めた所定の 88 項目，約 500 種類について支払われますが，最近は，公的な健康保険に連動して手術給付金が支払われる**公的医療連動型保険**もあります。健康保険が適用される手術はすべて給付対象というもので，給付対象は約 1 千種類。手術によって，入院給付金日額の倍率（10 倍，20 倍，40 倍）の給付金が受け取れます。

⑥ 手術特約

病気やけがで手術をした場合，手術のレベルに応じて入院給付金日額の所定の倍率（10，20，40 倍）の手術給付金が受け取れます。

⑦ 短期入院特約

入金給付金を 1 日目から受け取れる特約。1 入院 4 日，通算 60 日が限度。

⑧ 長期入院特約

病気や不慮の事故で長期の入院をした場合に，「入院給付金」や「一時金」が受け取れます。何日以上になると長期の入院とみなされるかは，保険会社によって異なります。

⑨ 通院特約

入院給付金の支払対象となる入院をして，その病気やケガを治療の目的として，退院後 120 日以内に通院した場合，「通院給付金」が受け取れます。入院

前の通院が保障されているものもあります。1入院30日，通算1,095日が限度。

⑩　**退院給付特約**

　入院給付金の支払対象となる入院をして，所定期間後に退院した時，「退院給付金」が受け取れます。

⑪　**成人病（生活習慣病）入院特約**

　生活慣習病（がん，急性心筋梗塞，脳卒中，糖尿病，高血圧性疾患）で入院したとき，「入院給付金」「手術給付金」が受け取れます。

⑫　**女性疾病入院特約**

　女性特有の病気や女性に発生率の高い病気で入院した場合に，「入院給付金」が受け取れます。所定の手術をした時に「手術給付金」が受け取れるものもあります。がん入院特約を付けていれば，女性特有のがんになった時は両方から給付金が受け取れます。

⑬　**三大疾病保障特約（特定疾病保障特約）**

　がん，急性心筋梗塞，脳卒中の三大疾病によって所定の状態（**約款**に書かれています）になった時，特定疾病保険金を受け取れます。支払いを受けた後は特約は消滅します。これらの疾患以外で死亡，高度障害になった時には同額の保険金が受け取れます。

　再発三大疾病保障特約といって，再発すると受け取れるものもあります。死亡時の保険金はその分減少します。また，三大疾病保障が**主契約**の保険もあります。

　がん告知を本人にしていない，本人が意識不明で請求できない等の場合を考えて**指定代理人請求制度**があります。

⑭　**がん入院特約**

　がんで入院した場合に，「入院給付金」が受け取れます。がんで所定の手術をした時に「がん手術給付金」，がんと診断された時に受け取れる「がん診断給付金」や「がん通院給付金」「がん死亡保険金」が受け取れるものもあります。

⑮　**先進医療特約**

　厚生労働大臣が認可する**先進医療**にあたる治療を受けた時，治療の種類に応

じた給付金が受け取れます。1回の限度額や通算限度額，対象は保険会社によって違います。病院までの交通費が出るもの，入院が条件のもの，会社が認めた**自由診療**も保障されているものなど様々です。特約料は月70円くらいからと安いです。

もう少し詳しく　QOLという考え方

近年，特に，がん治療において，がん化学療養で外来治療を受ける人が増えています。厚生労働省の「患者調査」でも，ここ10年足らずで3割強増加しています。

これは，より有用性の高い新薬の開発や副作用の軽減で外来での治療が可能になったこと，医療費の抑制を目指していることや，**診療報酬**改定で，外来化学療法加算が決められたことなどが要因です。そして，もう1つ，QOLという考え方の普及も増加の大きな要因になっています。

QOLとは，クオリティ・オブ・ライフ（Quality of Life）の略で，「生活の質」と訳されます。国の施策「がん対策基本計画」のもと，「すべてのがん患者の療養生活の質の維持向上を実現すること」を重視したがん治療を目指したものです。例えば，仕事をしながら治療がしたい。家族と一緒に生活しながら治療を受けたいといった「療養生活の質」を重視するという考え方です。医療技術の進歩で，抗がん剤治療や放射線治療といった通院での治療が増える中，QOLを望む方は増えています。

本来，医療の目的は，もちろん，病気を治癒することなのですが，治療を最優先の目的とすると，それと引き換えに日常生活を失ってしまうということが起こってしまいます。例えば，痛みや副作用で仕事が続けられなかったり，長期間の入院を余儀なくされたり。このような生活環境の変化は，患者本人のみならず，家族にとっても大きな苦しみになってしまいます。そこで，QOLを重視した治療では，医師の判断のもとで，なるべく本人の望む生活が維持できるように工夫して治療を行うことで，患者の苦しみやストレスを軽減していこうというものです。治療効果を優先させる

だけではなく，患者の生活の質がなるべく下がらないような治療を目指すことが重要だということです。つまり，QOL重視の考え方のもとで，入院をしないで，通院治療を行うケースも増加しています。患者さんの状態によっては，公的保障では，**障害年金**制度が大きな助けになります。民間保険では，**通院特約**などが，もしもの時備える商品として頼りになります。抗がん剤や放射線治療での通院の支払限度額日数が無制限の商品や「がん外来治療給付金」が受け取れる保険も増えています。

第5章　老後資金の考え方

❶ 老後資金はこう作る

岩城：
「お2人にはまだ実感もないとは思いますが，老後の話もしたいと思います」

桐島：
「いや，僕，結構心配ですよ。だって，年金どうなるかわからないし」

山本：
「そうそう。リタイアしてから長いしな。退職金と年金で果たしてもつのかなぁ。」

岩城：
「セカンドライフは，基本的には，仕事を辞めた時に手元にあるお金と公的年金で資金を賄っていくことになります。桐島さんのような，自営業者の場合，公的年金は老齢基礎年金が基本ね。だいたい，1年分の**国民年金**の受給額は 19,700 円として（平成 23 年度 788,900 円を満額とした場合），25 年加入すれば，19,700 × 25 = 492,500 円。月額約 41,000 円…というふうに計算してみてください。国民年金の受給月額の平均は，約 5 万 4,000 円ほど。一方，**厚生年金**の平均年金月額は約 15 万 3,000 円ということです（基礎年金を含む　厚生労働省「都道府県別受給者数および平均年金月額」より　H22 年度末現在）。今後，年金は実質的に削減されると見込まれています。少子高齢化や経済状態の変動でさらに引き下げられる可能性もあります。受給年齢の引上げの議論も出ているしね」

桐島：
「そっかあ。**個人年金保険**にも入っておいたほうがいいのかな。老後資金ってだいたいどのくらい必要なんですか？」

岩城：
「ざっと1億くらいでしょうか」

桐島：
「1億！なかなかの金額だな」

山本：
「やっぱり，個人年金保険入ろうかな」

岩城：
「**養老保険**のところでもお話ししたけれど，**予定利率**の高い時代には，保険は頼りになりました」

山本：
「じゃあ，他に何かいい方法があるんですか？」

岩城：
「ええ。大丈夫です。お話ししましょう」

(1) 必要な老後資金

　世帯主60歳以上の無職世帯の夫婦2人の生活費は，月平均の約28万円だそうです（総務省統計局「家庭調査」平成21年度）。もちろん，どんなライフスタイルを送りたいかによって金額は変わってきます。

　トータルでいくらいるのかということですが，計算には**平均余命**を使います。60歳の平均余命は，男性23年，女性28年。ちなみに，0歳児の平均余命を**平**

均寿命といいます。

　1人の場合は，そのまま年額の支出総額にかければいいのです。1人の生活費は20万円が目安ですので，女性ですと，20万円×12か月×28年＝6,720万円　になります。

　ご夫婦の場合は，例えば，妻との年齢差が2歳ある場合は，女性の方が寿命が長いので，

妻が1人の期間：28歳−23歳＋2歳　＝7年とみなします。
夫婦2人分の必要資金の額：28万円×12か月×23年＝7,728万円
妻1人の期間：20万円（28万円の約7割）×12か月×7年＝1,680万円
合計：9,408万円となるわけです。これが，老後の生活資金は1億円といわれる根拠です。

　老後の収入源の基本は公的年金ですから，自分の公的年金では賄えない不足分を今後，準備していくことになります。山本さんや桐島さんのような若い世代は，今後，子どもの教育費や住宅購入など大きな支出があるでしょう。老後の準備は後回しにされがちですが，早いうちから少しずつ積み立てていけば，複利の効果など，長期運用のメリットを享受することができます。

　では，60歳までにいくらくらい貯めておけばよいのでしょう。

　60歳から64歳までは公的年金の給付はありません。60歳以降も仕事を続けていればよいのですが，そうでなければ月28万円がまるまる不足するわけです。65歳になった時，仮に，山本さんは公的年金を15万円受け取ったとしましょう。不足額は13万円ですね。桐島さんの場合は，ご夫婦で10万円とすると，不足額は18万円です。60歳以降の期間を仮に80歳までの20年間として計算しますね。

山本さんの不足額

28万円×12か月×5年＝1,680万円……60歳からの5年間
13万円×12か月×15年＝2,340万円……65歳〜80歳までの15年間
リタイアメント後に必要な資金の合計 4,020万円

4,020万円 − 退職金 1,400万円 = 2,620万円

　運用しなければ，約2,620万円が不足額となります。60歳までにこれだけの金額を貯蓄しなければなりません。しかし，仮に，金利1％で運用しながら，60歳から65歳までの5年間は毎年336万円ずつ取り崩すとします。65歳から15年間は年金を受け取りながら毎年156万円ずつ取り崩していくと考えれば，60歳時点での不足は約3,689万円です。ここから退職金を引くと，60歳までに準備しなければならない金額は2,289万円となります。

桐島さんの不足額

28万円 × 12か月 × 5年 = 1,680万円
18万円 × 12か月 × 15年 = 3,240万円
合計 4,920万円

リタイアメント後に必要な資金の合計は 4,920万円

　桐島さんは3％で運用しながら取り崩していくとしましょう。60歳で準備しなければならないのは約3,669万円になります。また仮に，生活費を5万円抑えて23万円とします。3％で運用していくとすると，60歳までに準備しなければならないお金は約2,870万円になります。

　下の表をご覧下さい。これは，年間120万円（毎月10万円）ずつ引き出すとした場合，それぞれの年数に対していくら必要なのかを，運用レートごとに試算したものです。10年間だと1,200万円必要なわけですが，例えば，今の預貯金の利率0.03％だと1,198万円を準備しなくてはいけないということになります。つまり，10年間で増える利息は2万円ですね。

(万円)

	10年	15年	20年	25年
0.03％（預貯金）	1,198	1,796	2,392	2,988
3％で運用	1,024	1,433	1,785	2,090
5％で運用	927	1,246	1,495	1,691

このように，老後の資金対策としては，倹約をして支出を減らす（生活費を抑える），リスクをとって運用する，60歳以降もなるべく長く働く（収入を増やす）などの選択肢があるでしょう。

(2) 老後資金をどう用意するか

では，これからお金をどのように準備していけばよいのでしょう。こつこつ預貯金？　残念ながら預貯金をしているだけではお金は増えませんね。それどころか，円安やインフレなどによって実質的な資産を目減りしてしまう心配だってあります。

そこで，ぜひ考えて頂きたいのが，「資産運用設計」です。私たち，ファイナンシャルプランナーは，お客様の人生の夢や目標の実現のために，資産運用設計のお手伝いをするのが仕事です。「いつまでにいくら必要」といった目標が決まったら，なるべく手間やストレスがかからない方法でできる運用方法をご提案します。

もちろん，投資に絶対ということはいえませんが，正しい方法で行えば，成功の確率を格段に高められます。難しい専門知識も才能も必要としない，私たち生活者が手間なく続けられるよう投資方法で，1日も早くスタートして頂きたいと思っています。

資産運用は，資産を分散させること，長期で続けることが大切です。長期分散投資だと，リターンのブレも小さくなり，そして，複利効果を享受できます。

インターネット証券を利用すれば，1,000円から買えるものもあります。毎月一定額を継続して自動的に買い付けていく方法にすれば，時間を分散させて投資をすることができます。ドルコスト平均法といいますが，つまり，高値の時に一度に買ってしまうということもなく，タイミングを狙う必要もなく，そして，結果的に平均的に安く買えることになります。

積立投資は，長期の資産形成に向いている投資方法です。日本は少子高齢化が深刻ですが，世界は人口が増えていきます。今後も経済成長をしていくでしょう。ですから，世界中に分散投資をすることです。ファンド（投資信託のこ

と）はたくさんあって選ぶのも難しいので、インデックスファンドを利用して国内外の株式や債券に分散投資をする、または、「チョクハンファンド」を利用することをお勧めします。

インデックスファンドというのは、東証株価指数（TOPIX）や日経平均株価など各種指数に連動する運用成果をめざすものです。インデックス運用は、資産形成を考える個人投資家に注目を集めている方法で、書籍もたくさん出ています。「長期、分散、低コスト」をキーワードに読みやすい本を探してぜひ読んでみてください。

「チョクハンファンド」というのは、「独立系直販投信」のことで、投資信託を運用する会社が、証券会社など販売会社を通さず直接、個人投資家に販売しています。日本には現在8社あります。

世の中の投資信託の保有期間が平均2.8年という短さの中、「さわかみファンド」をはじめチョクハンは、個人投資家が、長期投資できる投資信託をめざして運用しています。世界中に投資ができるバランスファンドや、いい日本企業を厳選してより高いパフォーマンスを上げているものなど様々な特徴がありますので、セミナーなどに参加して、納得するものを見つけ、じっくり腰を据えて、長期運用をされてはいかがでしょうか。

(3) 老後資金に利用されている保険

では、老後資金の準備として利用されている保険商品にはどんなものがあるのか見てみましょう。

① 定額型個人年金保険

生存保険の一種で、老後資金の準備を目的にした貯蓄性のある保険です。保険料を積立てしていくものや一時払いのものもあります。保険料を原資としてある定められた年齢になったら、毎年、あるいは毎月、決まった金額が年金として受け取ることができます。個人年金保険は、生存保険と**死亡保険**が組み合わさってできているものですが、養老保険とは違い、「老後の生活資金を準備するのを目的」にしているものですので、死亡保障に重点は置かれていません。

万一，支払開始年齢前に死亡した場合でもすでに払い込んだ保険料相当分（1.1倍）程度の死亡給付金が支払われるだけになります。

年金は，保険料を原資として支払額が保障されている「基本年金」に，年金の支払開始前の配当金で年金を買い増しする「増額年金」と，年金開始後の運用によって増える「増加年金」が上乗せされて，3つの部分がまとめて支払われることになります。基本年金が一定のものを定額型，一定割合で増加していくものを逓増型といいます。保険料は，増額型のほうが割高です。

個人年金保険は，年金の受取方によって，終身年金，保証期間付終身年金，確定年金，有期年金，保証付有期年金に分けられます。

② **終身年金保険**

被保険者が生きている限り年金が受け取れます。死亡すると支払われません。保険料を払ったまま受け取れない払い損をするのではという心配がありますが，実際には，保証期間付終身年金がほとんどです。

保険料は，確定年金や有期年金に比べて高くなります。また，同年齢でも，寿命の長い女性の方が保険料は割高です。

③ **保証期間付終身年金保険**

年金支払い直後に被保険者が亡くなったとしても，保障期間の間は，遺族が受け取ることができます。
保障期間分の年金を一括で受け取って，保障期間終了後にその後の年金を受け取ることもできます。

④ **確定年金保険**

被保険者の生死にかかわらず，契約時に決めた期間は，被保険者，あるいは遺族が年金を受け取ることができます。一時金として受け取ることもできます。5年確定年金，10年確定年金，15年確定年金などがあります。

⑤ **有期年金保険**

あらかじめ決めた一定の支払期間中，被保険者が生きていれば年金を受け取ることができます。年金の受取開始後に被保険者が死亡すると契約が終了してしまいます。

⑥　保障期間付有期年金保険

　有期年金に保障期間が付いたもので，保障期間中は，被保険者の生死にかかわらず年金を受け取れます。保障期間が終了してから被保険者が死亡した場合は，たとえ有期期間中であっても年金は受け取れません。

⑦　夫婦年金保険（夫婦連生年金）

　夫婦で1つの保険に加入し，夫婦のどちらかが生きている限り年金が支払われるという保険です。考え方としては，一方の被保険者に年金が支払われ，死亡後はその配偶者に支払われるものですので，年金額が変わることはありません。配偶者が死亡すれば終了します。年金額や夫婦の年齢差などで保険料が変わってきます。

⑧　保障期間付夫婦保険

　保障期間内であれば，2人ともが死亡しても遺族が年金を受け取ることができます。離婚したら**解約**，あるいは，被保険者のみが受け取ることになります。

⑨　利率変動型年金保険

　市場金利に応じて予定利率が変動する商品です。年金額の最低保証はされています。

⑩　外貨建て個人年金保険

　アメリカドル建て，ユーロ建て，豪ドル建てなど，円を外貨に換えて，海外の格付けの高い国債や社債で運用する商品です。低金利の今，運用利率が高いことで人気があります。しかし，外貨建てなので，為替相場の変動リスクがあります。また外貨を円に交換する時，為替差損益が生じる可能性があります。換金時，契約時よりある程度の円安でないとメリットが享受できません。また，契約時に円を外貨に換えるため，また受取時に円に換金するための為替手数料を始め，運用時にも様々なコストがかかりますし，保険関係のコストもかかります。

⑪　変額年金保険

　運用実績によって将来受け取る年金額が変動する商品です。一時払いのものが主流ですが，平準払いのものもあります。運用期間中は，特別勘定で運用し，

年金支払い開始後は一般勘定で運用されます。そのため，年金開始時点で年金額が決まるものが多いようです。

万一死亡した場合は，死亡時点での積立金額が死亡給付金となりますが，最低保証額が決まっているものがほとんどです。災害死亡の場合，10%の上乗せをする商品が多いようです。

また，運用成績がよい場合，死亡給付金額が切りあがっていくステップアップ型（ラチェット型）は，その金額が下がることはありません。

特別勘定（ファンド）が複数あり，契約者が運用する投資信託を選ぶことができる商品もあります。年間，決まった回数までは無料でスイッチング（変更）することができます。変額年金保険は，運用関係のコストと保険関係のコストの両方がかかる商品です。例えば100万円の一時払保険料を支払ったとしても，契約時費用として3%が引かれると97万円から運用がスタートし，運用期間中も信託報酬にあたるコストがかかります。プラス保険関係費用です。つまり，かなりの利回りで運用できなければ収益を期待するのは難しいということになります。

⑫ かんぽ生命の個人年金保険

終身年金保険や定期年金保険（10年の定額型）は，上記の生命保険型年金商品とさほど変わりはありません。「新シルバー年金あんしん（介護割増年金付終身年金保険）」は，終身年金保険の逓増型に，介護特約を付加できる商品です。所定の要介護状態が180日継続した場合，介護割増年金が上乗せして支払われます。

⑬ ねんきん共済

全労災の年金保険で，出資金を払って組合になったら加入できます。終身年金（最長15年の保証付）と確定年金（5年・10年・15年）があり，基本型と家族年金・重度障害年金がセットになったものがあります。

(4) 保障と投資は別のもの

保険商品は，予定利率が高かった時代には有利なものも多かったのですが，

低金利の今は，コストがかかる商品だということもあり，魅力に欠けるようです。また，保険商品は，長い期間もつことが前提となっているので，将来の物価水準の変化なども考える必要があります。インフレが起きれば，貨幣価値は目減りします。また，自分の生活が変わる可能性もあります。中途解約をしなくてはならない状況が訪れないとも限りません。中途解約をすれば元本割れなどが生じ不利になります。

　老後資金の考え方は，急に現金が必要になっても対処できるように一部は流動性の高い預貯金などで用意するようにします。保険商品を利用する場合は解約しないことを前提にすることが大切だと思います。そして，やはり，今の時代，保障と投資（運用）は別に考えたほうがいいと思います。年金保険や養老保険は，保険商品ではありますが，運用商品でもあるわけです。それならば，別々に考えたほうが当然コスト的には安いはずです。コストって，馬鹿にできないのです。例えば5%で運用していてもコストが2%だとどうですか？　実質3%の運用です。年間2,000円のコストがかかっていたとしたら，10年間では2万円です。効率よくお金を増やそうと思えば，たかがコスト，されどコストなのです。

　そこで，「安心」と「豊かさ」を創るためにこんな方法はどうでしょう。

　終身保険のところでご紹介した「ユニバーサル保険」を覚えていますか？　ユニバーサル保険は，契約者が払い込む保険料から，定期死亡保険料を差し引き，残りを積立ファンドで運用する商品です。貯蓄部分と保障部分が分離された設計になっています。保障部分は，1年ごとに自由に変更することができます。そのため，ライフステージに合わせて，保障内容を変更することにより，ムダなく，不足なく自分に必要な保障を合理的にもつことができるのです。ユニバーサル保険をお勧めしているわけではありません。お勧めしたいのはその考え方です。つまり，「安心」のためになるべく安く保険をもち，かつ，ライフステージごと見直しをして合理的にもつ。同時に，未来の「豊かさ」のために，ゆっくりと運用をして，お金に働いてもらうのです。現在，日本でもユニバーサル保険と銘打ったものを買うことは可能です。しかし，選択肢が少ない上，

コストが割高なのです。そこで，この考え方だけを拝借して，自分でユニバーサル保険のようなものを作ってはどうでしょう。

必要保障額はライフステージによって変化します。

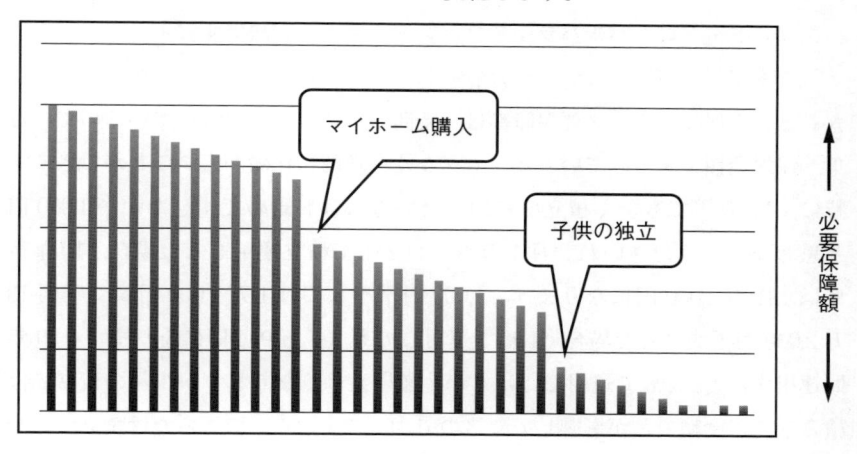

（マイホーム購入／子供の独立／必要保障額）

❷　じぶんユニバーサル保険を作ろう！

　考え方はいたってシンプルです。保険料の安い保険は，通販やネットで探すといいでしょう。必要な保険を定期でもつのです。もしものためにコストを大きくかけるのは本末転倒ですから，なるべく小さく抑えましょう。そして，投資信託で長期分散積立投資をしていきます。なぜ，投資信託なのかといえば，少額から買える。分散投資ができる。プロが運用してくれるので初心者でも簡単に運用ができるからです。

　「(2) 老後資金をどう用意するか」のところでお話しましたように，インデックスファンドを組み合わせて自分でポートフォリオを組んだり，チョクハンファンドを利用するとよいでしょう。今後，様々なファンドをすすめられたりすることもあると思いますが，内容が理解できない複雑なものは避けましょう。巷で人気の毎月分配型のものも，今後資産形成をしていくみなさんの世代には

お勧めできません。リスクが高い，コストが高いということもありますが，せっかくの複利効果を享受できないからです。

　では，簡単なじぶんユニバーサル保険のつくり方の例を1つご紹介します。例えば，損保ジャパンDIY生命「1年組み立て保険」とセゾン投信「セゾン・バンガード・グローバルバランスファンド」をもつ方法です。

　「1年組み立て保険」は，その名前の通り，毎年保険内容を見直すことができるという保険です。必要保障額は，時間の経過とともに減っていくので，毎年，保険金額を減らしていくと，ムダなく合理的に保険がもつことができます。特に，1,000円でも多く積立てに回したい方にはお勧めです。たかが1,000円と思わないでくださいね。月1万円ずつ2％で積立運用をした場合，10年後には131万4,000円になります。1,000円増やして月1万1,000円ずつ年間13万2,000円ずつにした場合，1％で運用しても138万984円になります。20年間運用すると，2％で運用したほうが金額は大きくなりますが少額の積立では，積み立てる金額の差が影響してくるのです。ですから，できるだけ積立ての金額を増やすことがお金を増やすポイントなのです。こうして保障は，ムダなくなるべくコストを抑えてもち，余ったお金は増やしていきましょう。

　ちなみに，セゾン投信の「セゾン・バンガード・グローバルバランスファンド」は，株式が時価総額，債券は発行額を基準にボリュームが大きい国ほど組み入れ比率が高くなるように設定されているので，まさに世界の成長をそのまま享受できる設計になっています。日本は少子高齢化で内需も縮小傾向にありますが，世界はまだまだこれから経済成長していきます。なんといっても世界の平均年齢はまだ29歳なのですから。経済成長していけば，当然，人々の生活は豊かになっていきます。しかし，モノには限りがあるので，インフレ（モノの値段が上がる）になっていくでしょう。日本は輸入大国，食料もエネルギーも輸入に頼っています。海外に資産をもつ必要は大きいのです。世界の成長を享受できる，このようなバランスファンドで，手軽に運用をスタートするといいでしょう。

第6章　保険の入り方

　これまでの話で，保険に対する考え方，保険商品がどういうものかということがわかっていただけたのではないかと思います。自分が，家族のために，自分自身のために今，何をするべきなのか，考えるきっかけにしていただけたのではないかと思います。
　では，実際に保険加入をする上でのポイントをもう一度まとめておきましょう。これは，現在，すでに保険にご加入の方にも参考になると思いますので，ぜひ，順を追って，ご自身の生命保険について見直してみてください。

❶　生命保険の加入の手順

（1）必要保障額の算出

　まず，万一の時の遺族の必要保障額を算出しましょう。これが，保険加入などでカバーする金額の目安になります。

■遺族の必要保障額＝①遺族の生活資金－②遺族の収入

①遺族の生活資金の計算式
　　遺族の生活資金＝㋐家族の生活費＋㋑子供独立後の妻の生活費＋㋒その他
　　㋐家族の生活費＝現在の生活費×0.7×末子独立までの年数
　　㋑子供独立後の妻の生活費＝現在の生活費×0.7×末子独立時の妻の**平均余命**
　　㋒その他＝子どもの教育費，結婚資金の援助，リフォーム代，予備費など

②遺族の収入＝国の保障（遺族年金等）＋企業の保障（死亡退職金，弔慰金など）
　　＋預貯金などの金融資産

■医療保険の必要保障額＝①自己負担額＋②保険適用外の医療費

①医療費の総額－健康保険から支給される金額です。加入する保険によって違います。通常医療費の３割が自己負担ですが，**健康保険組合**によっては付加給付がある場合もあります。

②保険が適用されない「**差額ベッド代**」「入院時の食事代」「**先進医療費**」「**自由診療**にあたる治療」などです。自分がどういう治療を受けたいかで変わってきます。

老後の生活資金の出し方は次の通りです。

■老後の必要生活資金＝①老後の生活資金－②老後の収入

①老後の生活資金＝㋐夫婦の老後資金＋㋑妻の老後資金
　㋐夫婦の老後資金＝現在の年間生活費×0.7（子どもがいる場合，必ずしも掛ける必要はない）×定年時の夫の平均余命
　㋑妻の老後資金＝現在の生活費×0.5×夫死亡時の妻の平均余命

②老後の収入＝国の保障（**老齢年金**）＋企業の保障（退職金，退職年金など）＋預貯金，個人年金，保有している金融資産など

　老後の生活資金の不足は，必ずしも保険で考える必要はありません。計画的な資産運用をしていきましょう。

（2）　契約中の生命保険内容の把握

　次に，現在，加入を検討中，またはすでに契約中の生命保険内容を把握しましょう。契約中の人は保険証券を見てください。加入をご検討中の人は，設計書やHP，パンフレットなどで情報を収集しましょう。各社のお客様窓口にお問い合わせをしてもいいでしょう。

第6章　保険の入り方

【把握する内容】

保険の種類	何を保障する商品なのか／主契約は何か
保険金額	保障をいくらもつか／（既契約者）いくら保障されているのか
保障内容	どういう時に保険金が支払われるのか。特定三大疾病保険などは，会社によって支払要件が異なっているので，特に注意して「所定の要件」を把握しましょう。
特約	内容と給付金額／どういう時に支払われるのか
保障期間	いつからいつまで保障されているのか 満期返戻金，解約返戻金，配当金の有無。貯蓄性のあるものについては予定利率も知っておきましょう。

(3)　必要保障額と比べる

　既契約者の方は，保険の内容がわかったら，必要保障額と比べてみましょう。必要保障額に対して，保険金額はどうでしょう？　もし多すぎれば保障を減らし，少なければ増やします。そして，ぜひ考えていただきたいのは，「この必要保障額は現時点のもの」ということです。子どもが大きくなるにつれ，通常は必要保障額は減っていきます。家をもち，**団体信用生命保険**などに入った場合も**減額**することができます。一方，子どもが生まれたら必要保障額は増加します。変化するライフステージに合わせて，保障額の見直しをするとよいのです。

ライフイベント	必要になる保険
結婚	配偶者のための遺族保障　→　共働きならば必要なし ケガや病気に備えて医療保険→十分な貯蓄があれば必要なし
子どもの誕生	教育費や住居費を考えての遺族保障 末子が生まれた時が保障額はピークになる がん保険を検討
マイホームの購入	団体信用生命保険に加入したら保障額は減額する 生命保険で保障をもつとすれば増額する 就業不能保障保険を検討
子どもの独立	保障額を減額する 医療費の増大に備えて医療保険の見直し

　なるべく安く大きな保障をもちたい世代には，やはりお勧めは通販やネット

で買える生命保険です。保険料はムダなく小さく抑えて，その分，貯蓄や運用をして資産を殖やしていきましょう。具体的な見直し方法については後述します。

❷ 契約について

　生命保険に加入するということは，生命保険会社と契約をすることです。保険商品は，目に見えないものなので，通常の商品の購入とは感覚が違います。そして，一度契約を結ぶと，長期間にわたって保険料を払い続けることになります。支払総額が多額なので，「マイホームの次に高い買い物」なんてことを言われます。商品の内容（契約内容）を十分理解した上で契約をしたいですね。

　加入時には，「**ご契約のしおり・約款**」（合本されています）を熟読することをお勧めします。

　「**契約概要**」には，保険内容を理解するための重要な情報が書かれています。

　「『**重要事項・注意喚起情報**』説明書」は，**クーリング・オフ**，**告知義務**，**免責**，**解約**，**解約返戻金**についてなど，特に注意すべき内容が書かれています。

　契約時にする「告知」は正直に，正確にしてください。**告知義務違反**になると保険金は支払われません。

　告知方法には，
① 医師の診査を通さないで，告知所に被契約者（または契約者）が記入する**告知書**による契約
② 医師の診査による契約
があります。

　申込書，告知書などの書類を保険会社に提出し，保険会社が加入を認めることを承諾といいます。「申込み」「告知」「第1回保険料（充当金）の払込み」の3つがすべて揃った時に，保険会社は責任を開始します（責任開始期）。契約上の責任を開始する**契約日**となるのです。

第6章　保険の入り方

万一のことがあった場合，保険金の支払請求は，その支払事由が発生した日の翌日から起算して3年間です。3年を経過すると，時効により消滅してしまいます。でも，もし，この期間をうっかり過ぎてしまった場合は，念のため，生命保険会社にご相談されるといいと思います。

❸ 保険の見直し方法

ライフプランの変化によって，保障内容にも過不足が生じてきます。また，保険料の支払いが負担になり，見直しをしたいということもあるでしょう。生命保険を見直すポイントをご紹介します。

(1) 必要保障額の金額と合っているかをまずチェック

大きすぎるとムダが生じますし，少なすぎると不幸な結果を招く場合もあります。まずは，保険の目的別に金額と内容を整理してみましょう。私が，保険相談をお受けした時，最初にするのは，「加入保険一覧表」を作ることです。みなさんも参考にして，ぜひご加入の保険の見える化をしてみてください。

【加入保険一覧表の例】

	保険種類	保険会社名	保険金，給付金はいくらか	満期	保険料
死亡時	終身保険	P生命	死亡　　500万円 災害　1,000万円	終身	60歳払い満／月 19,770円
	定期保険	R生命	死亡　5,000万円 災害　5,000万円	10年 更新	月 6,300円
高度障害になった時	終身保険	P生命	死亡　　500万円 災害　1,000万円		
	定期保険	R生命	死亡　5,000万円 災害　5,000万円 ○リビング・ニーズ特約		

病気になった時	医療保険	S生命	入院　　　　　5,000円 手術 5万円・10万円・20万円	10年更新	
がんになった時	がん保険	A生命	診断給付金　300万円 入院給付日額　1万円	終身	月3,150円
三大疾病になった時	収入保障	H生命	年金額　　　120万円	70歳	6,144円

保険見える化のポイントは，次の項目をチェックすることです。
- **主契約**は何か。**保険証券**で，まず保険の種類を確認しましょう。主契約に**特約**が付いているものが一般的です。長い名前のものもありますが，最後のほうを見ると見当がつきます。「最低保証利率付き3年ごと利率変動型積立保険」は**アカウント型保険**です。「5年ごと利差配当付低解約返戻金型終身保険」は**終身保険**。「医療用手術見舞金特約付新終身医療保険」は終身の**医療保険**，「無解約返戻金型平準定期保険」は**定期保険**というように，種類を確認するのはそんなに難しくはありません。
- 契約者，被保険者，保険金受取人を確認
- 死亡保険金はいくらで，何歳まで保障は続くか。保険金額は保険期間中，変わらないのか，逓減していくのか。
- 保険料はいくらで，保険料アップがあるかないか，あるならいつか，払込終了はいつか
- 特約の内容。どんな時にいくらの給付金が支払われるか
- **解約返戻金**はあるか，あるとすればいくらか。保険証券に書かれていない場合は，契約者が保険会社に問い合わせをすれば教えてくれますので確認しておきましょう。

第6章　保険の入り方

(2) 過不足があった場合
① 必要保障額より多い場合

いくつか方法はあります。よく知られているのは，一部を**解約**する。場合によっては解約して新しい保険に入る。保険金の額を**減額**する。などの方法です。

解約とは，契約そのものをやめることです。減額とは，契約途中で保障金額を減らすことです。解約，もしくは減額すると，**解約返戻金**がある場合は受け取ることができます。注意しなければならないことは，主契約を減額すると特約の保障も減額されてしまったり，一定額以下には減額できないというものもありますので，保険会社に問い合わせてみてください。主契約を解約して特約を残すことはできません。

部分解約は，付加している特約だけを解約する方法です。例えば，**終身保険**の上に**収入保障保険**が付加されている場合などは，その特約をとる方法です。

通常は，一度特約をとったり，保障を減額すると，再度付加することや増額ができなかったり，増額できても告知などが必要になりますので，こちらも合わせて確認してください。

② 保障額が不足している場合

子どもが生まれたので保障を増やしたいなど保障額を増額したいという場合もあると思います。

この場合は，新しい保険に加入する以外に，「中途付加」「追加契約」「契約転換制度」という方法があります。これらは，現在の契約を解約することなく見直しができます。

「中途付加」は，現在の契約に**定期保険特約**などを新しく付加して保障を大きくする方法です。増えた保障分だけ保険料は上がります。保険料率はその時の年齢で計算されます。

「追加契約」は，現在の契約に追加して，別の新しい保険を契約する方法です。契約は2件になります。

「**契約転換制度**」（コンバージョン）は，「下取り」ともいわれています。現在の契約の積立部分や積立配当金の合計を「転換（下取り）価格」として，新しい契約の一部（頭金）に充てる方法です。掛捨て保険では利用できません。

例えば現在，「定期付終身保険」に加入しているとします。終身部分は，貯蓄性が高いので積立金が貯まっています。普通，保障を大きくすればその分，保険料も上がります。でも，積立金を頭金として利用することで，月々の保険料を抑えることができるというものなのです。この転換制度，保障が大きくなるのだからいいように思いますか？　しかし，**転換**によって，保障内容や保険金額，保険料は全く新しく切り替わることになります。予定利率も転換時のものが適用されるので，予定利率が低下している今は注意が必要なのです。既存契約の配当も当然終了します。

また，この契約転換制度は，同一の保険会社の商品でなくてはできないため，ただ新しい保険を契約させたいだけで勧められることもあり，トラブルが多いので十分気を付けてください。

転換には，転換価格を主契約（終身保険）の一時払保険料として充当する。**定期保険特約**の**一時払**保険料として充当する。主契約と特約の両方に充当するなどの方法があります。保障の金額を大きくしたい場合，一般的には，転換するより追加契約やと特約として中途付加したほうがお得だと思います。

③　保険料払込みが困難になった時

今の保険を解約して他のもっと安い保険に新規加入しようという場合は，新規の契約がちゃんと成立し，責任開始してから現在の保険の解約手続を行ってください。新しい契約の成立前に現在の保険を解約し，無保険状態の時に被保険者が亡くなってしまい，保険金が一切出なかったという不幸なケースも伺ったことがあります。被契約者（＝契約者）だったその方は，30年近くも保険料を払い続けていたのですが，たまたま新しく知り合った保険会社のセールスレディの方に勧められた保険に変えることを決め，契約書にサインをしたので，加入していた保険を解約してしまったのです。新しい保険の責任開始する前に，

第6章　保険の入り方

亡くなってしまい，遺族は保険金を受け取ることができませんでした。保険の効力（責任開始）は，「申込み」「告知（診査）」「第1回の保険料（充当金）の払込み」も3つがすべて完了した時なので十分注意してください。

あまり知られていませんが，**払済保険**にするという方法もあるので，ご紹介しましょう。

これは，解約はしないで，保険料の払込みをやめる方法です。保険期間はそのままで，保険金額が小さくなります。これは，それまでに払った保険料の解約返戻金の分だけが払済保険の原資となるためです。ですから，解約返戻金が少ないと払済保険にはできません。

払済保険にすると，一時払いの養老保険か，もとの契約と同じ種類の保険に変わります。変更後，特約部分は消滅します。

延長保険にする方法もあります。これは，以降の保険料の払込みを中止して，その時の解約返戻金をもとに，保険金額は変えずに期間の短い一時払いの定期保険に変えることです。変更後，特約部分は消滅します。延長（定期）保険にして，保険期間が元の保険を超える場合は，保険期間は元の契約と同じにとどめ，満了日に**生存保険金**が支払われます。

貯蓄性の高い保険の場合は，特約を外すことでその分に回す保険料が減ります。貯まりもよくなります。例えば，医療保障を特約で付けている場合，特約を外して，単体の**医療保険**に入ると保障も充実し保険料も安くなるという場合もあります。ネット生保や通信販売の保険に変えればかなり保険料を安くすることはできます。

保険の見直しについては，**解約**は最後の手段として，その前にぜひ，信頼できるFPなどにご相談いただければと思います。

もう少し詳しく　保険料の支払方法

保険料の支払方法も様々あります。払い込む回数をどうするかということと，支払う期限をどうするかということを考えていきたいと思います。

まず，払込回数ですが，下の表をご覧ください。

月払い	毎月支払う
半年払い	半年ごとに支払う
年払い	毎年支払う

お得なのは？　　月払い　＞　半年払い　＞　**年払い**

保険料の総額は年払いが安い！

一時払い	契約時に保険期間全体の保険料を一括して払い込む
前納	あらかじめ数回分の保険料を払い込む
全期前納	保険期間すべての予定払込保険料を前納する

※**一時払いと全期前納払いの違いは？**

　一時払いは契約時に，すべての保険料を払済みにしておくもの。全期前納は，前もって預けているだけなので，保険料に充てられることはなく，途中で解約などした時は，払込期日が到来していない分の保険料は払い戻されます。

　一時払いは，万一保険期間中に，特定の**疾病**や障害を負って，払込免除に該当しても保険料の払戻しはありません。その分，保険料は安くなります。生命保険控除は，保険料を支払った年の１回限りです。

もう少し詳しく　コンバージョン（転換）

　コンバージョンとは，取扱条件を満たせば，現在加入している保険契約を医的査定なしで他の保険種類に切り替えることができる制度です。これは法人保険でも使えます。以下に，事例を紹介します。

A 会社

事業保障と退職金積立てのため，法人契約で逓増定期付終身保険に加入している。従業員が退職することとなり，解約をすることに。しかし，A会社の社長 Aa さんは，個人では全く保険に加入していない。葬儀代や非課税枠程度の保障は欲しいが，持病があり保険に加入できない。コンバージョンを利用して，個人契約で98歳満了定期保険に加入。

> B 会社

法人契約で1年**更新**の短期定期保険に加入している。本当は終身など貯蓄性のある保険に入りたかったのだが，業績が苦しかったため，手軽な短期定期保険を利用。ここのところ業績が上向いてきたため，社長 Bb さんは，自分の退職金準備を検討。しかし，体調があまり芳しくなく，新規の保険加入は難しい。コンバージョンを利用し，低解約払戻定期に加入。

> C さん

個人契約で**収入保障保険**に加入していた。子どもが生まれたため，保険金額の増額を検討。しかし，健康診断の結果，新規の保険加入は難しかった。コンバージョンを利用し，60歳満了の定期保険に加入。

※取扱いは，保険会社によって異なります。取扱条件がありますのでご注意ください（オリックス生命の資料を参考にしました）。

❹ 生命保険料控除

(1) 生命保険料控除の仕組み

　生命保険に加入すると，その支払保険料に応じて一定額が，その年の契約者の所得から控除されます。これを**生命保険料控除**といい，その分だけ，課税所得が少なくなり，所得税と住民税が軽減されます。生命保険料控除には，「一般の生命保険料控除」と「一定の要件を満たす**個人年金保険**の個人年金保険料にかかる控除」があります。

　一般の生命保険料控除の対象になるのは，保険金や個人年金保険の受取人が本人か配偶者もしくはその他の親族（6親等内血族・3親等内因族）です。財形貯蓄年金制度に利用される保険や**保険期間**が5年未満の**貯蓄保険**，団体信用保険などは控除対象外です。

　生命保険料控除の対象となる保険料は，その年の1月1日から12月31日までに払い込まれた保険料です。

保険料 − 契約者配当金 ＝ 正味払込保険料

約款上，**配当金**で保険料を買い増しする場合や，配当金の支払方法が積立て（**据置**）で途中で引出しができない場合は，払い込んだ保険料がそのまま生命保険料控除の対象になります。自動振替貸付制度を受けていても，保険料は支払っていることになりますので控除の対象です。ただし，貸付を受けた保険料を返済しても控除対象には当然なりません。

また，一時払いの時は，保険料を支払ったその1年1回限りが控除の対象になります。前納の場合は，保険料に充当された当該年分が複数年対象になります。

(2) 控除される金額

控除される金額は，「一般の生命保険」「一定の要件を満たす個人年金保険の保険料」のそれぞれにつき，2011年までは，

所得税は，年間正味払込保険料10万円までが対象で，最高5万円（両方加入していると10万円）。

住民税は，年間正味払込保険料7万円までが対象で，最高3万5千円（両方加入していると7万円）でした。

2012年から生命保険料控除が拡大されます。

介護医療保険料控除が新設されることになりました。今までは，**医療保険**と**介護保険**は生命保険の中に含まれていたのですが，別枠で控除されることになります。それぞれの控除の適用限度額は，所得税4万円，住民税2万8,000円で，「一般の生命保険料控除」「一定の要件を満たす個人年金保険の保険料控除」「介護医療保険料控除」を合計した適用限度額は12万円（住民税7万円のまま）になります。

第6章　保険の入り方

・2011年まで

```
┌─────────────────────┐          ┌─────────────────────┐
│   生命保険料控除額    │          │  個人年金保険料控除額  │
│  最大5万円（所得税）  │    ＋    │  最大5万円（所得税）   │
│ 最大3万5千円（住民税）│          │ 最大3万5千円（住民税） │
└─────────────────────┘          └─────────────────────┘
```

・2012年から

```
┌─────────────────────┐   ┌─────────────────────┐   ┌─────────────────────┐
│   生命保険料控除額    │   │  個人年金保険料控除額  │   │  介護医療保険料控除額  │
│  最大4万円（所得税）  │ ＋│  最大4万円（所得税）   │ ＋│  最大4万円（所得税）   │
│ 最大2万8千円（住民税）│   │ 最大2万8千円（住民税） │   │ 最大2万8千円（住民税） │
└─────────────────────┘   └─────────────────────┘   └─────────────────────┘
```

　対象になるのは2012年1月1日以降の契約です。**契約日**が2011年12月31日以前の契約は，2012年1月1日以降も現行の一般生命保険料控除，個人年金保険料控除の適用限度額　所得税5万円，住民税3万5千円が適用されます。ただし，**転換**や所定の**特約**を新しく付加した場合は，新制度が適用されます。

　現行制度と新制度の両方の契約がある場合は，現行制度の控除額が4万円を超える場合は，5万円が限度額に（所得税は3万5千円）。4万円を超えない場合は，現行制度の控除額と新制度の控除額を合計した額になります。ただし，4万円を限度とします。

　具体的な金額は下の表によって計算されます。

■**各控除での適用額（新制度の計算方法（所得税の場合）**

年間の支払保険料	所得控除額
20,000円以下	支払保険料と同額
20,000円超　40,000円以下	支払保険料×1/2＋10,000円
40,000円超　80,000円以下	支払保険料×1/4＋20,000円
80,000円超	一律40,000円

※　各控除額を合算し，合計12,000円が控除額の上限

　会社員など給与所得者は，生命保険会社から送られてくる「生命保険料控除証明書」を「給与所得者の保険料控除等申請所」に添付して，勤務先に提出す

ることで，年末調整で控除が受けられます。(給与天引きの場合は不要です)

　自営業者は，翌年の2月16日から3月15日までの所得税の確定申告の際に，「生命保険料控除証明書」を添付して控除を受けます。

(3) 控除のために満たすべき要件

　では，生命保険料控除の対象になる「一定の要件を満たす個人年金保険」とはどのようなものでしょう。

- 年金受取人は，**保険契約者**またはその配偶者のいずれかであること
- 年金**保険受取人**＝**被保険者**であること
- 保険料の払込期間が10年以上であること。**一時払い**の個人年金保険は対象にはなりません。
- 終身年金であること。または，確定年金の場合は，支払開始日における被保険者の年齢が60歳以上で，かつ，年金支払期間が10年以上であること。

　したがって，変額年金保険や特約部分の個人年金保険料は，個人年金保険料控除の対象ではなく，一般の生命保険料控除の対象になります。

　例えば，生命保険料，個人年金保険料，介護保険料ともに10万円以上支払っている場合，生命保険，個人年金保険，介護医療保険の保険料控除はそれぞれ4万円になります。

　課税所得が195万円以下の人の場合，所得税の税率は5%（平成23年分税率）ですので，次のようになります。住民税は一律10%です。

所得税　（4万円＋4万円＋4万円）×5％＝6,000円
住民税　84,000円×10％＝8,400円
税金は，合計で14,400円戻ってくる計算になります。

　仮に，同じケースとして考えると，2011年までですと，税金の軽減額は1万2,000円でした。

新制度により生命保険料控除が拡大したといえます。

税率が高く，年間払込保険額が大きく，3つの控除が受けられるほど，税の削減効果も大きくなります。

❺ 生命保険に類似する商品

最後に，生命保険に類似した商品について触れておきましょう。まず，各種**共済**制度があります。運営主体で大別すると次のようになります。

- 農業協同組合（JA）など各種の協同組合が，組合員の福利厚生のために行っているもの
- 労働者共済生活協同組合が全国の労働者や勤労市民のために行う労働者共済（全労済）など
- 各地域の居住者や通勤者などを対象に，各都道府県の生活共同組合や自治体が行う**県民共済**など。

各種の**共済**制度と生命保険は，**相互扶助の精神**に基づくという点では共通しています。両者の違いをあげるとしたら，生命保険が自助の精神を基本にしているのに対し，**共済**制度は，助け合いの精神を全面に掲げていることです。そのため，**JA共済**は，生命保険と同じ危険度合に応じた掛け金になっていますが，**こくみん共済**や**県民共済**などは，掛け金は均一（年齢，性別で異なるものもあります）で割安です。また，毎年の決算で**余剰金**が出れば割戻金もあります。加入も無審査で，組み合わせによって保障を大きくしたり，**特約**を付加することで保障内容を充実させることも可能です。

また，**少額短期保険業者**の少額短期保険も割安でお勧めのものがあります。例えば，糖尿病患者に特化した保険や葬儀費用を受け取れる保険，介護費用を受け取れる保険，ペット保険や地震保険などもあります。いずれも掛け金は大変安いです。取り扱える保険金額が決まっていますが，登録免許制で，金融庁の監督下で**保険業法**などの法規制も受けています。ただし，**生命保険契約者保護機構**などの公的なセーフティネットはありません。

第7章　災害対策をどうするか

　死者，行方不明者の数が，1万9,000人にものぼった東日本大震災。大手生命保険会社13グループ（日本・明治安田・第一・住友・T&D・富国・三井・朝日・プルデンシャル・アフラック・アリコ・アクサ・ソニー）の保険金の支払いは最終的に2,000億円にのぼり，阪神大震災の全保険会社の支払総額が483億円だったことと比べると，被害の甚大さがわかります。

　未曾有の大震災を経験し，みなさん，様々なことを考えられただろうと思います。3・11を境に，価値観や考え方が変わった，あるいは変えなくてはと思った方も少なくはないようです。私も，ファイナンシャルプランナーとして何ができるのか，何をしていくべきなのかということを真剣に考えました。その中の1つに，「リスクをできるだけ減らすライフスタイルを作っていこう！」ということがあります。私たちファイナンシャルプランナーの仕事は，未来の「安心」と「豊かさ」を創るお手伝いをすることです。みなさまが明るい未来を過ごせますように，今後も情報発信をしていきたいと思っています。

❶　日々の備えをどうするか

　当面の生活資金の確保として，貯蓄は生活費の6か月〜1年分くらいを目安に確保しておく必要があります。今回の震災では，家が津波で流された方の多くが，通帳も印鑑もないという状態だったのですが，金融機関は，特別に本人確認ができれば1日10万〜20万円ほどの引出しに対応してくれました。もしものために，貴重品も入れた非常持ち出し袋の必要性が改めて言われていますが，水や非常食，懐中電灯，薬，衛生用品，着替えなどの他に，現金，免許証や保険証など身分を証明できるものを携帯しておく必要性を強く感じました。保険証券もコピーしておくと安心ですね。それから，携帯の充電器。電話が通じなかった時でもツイッターは大丈夫でしたので，私もツイッターのダイレク

トメールでずっと家族や友人と安否の確認をしていました。充電器は，ハンドルを回してセルフチャージできるものや電池式のものなどが売っています。

それから，みなさんは家族で避難場所の確認はできていますか？ お住まいの地域でそれぞれ学校や公園など避難場所が指定されていると思いますので，家族が落ち会う場所をぜひ確認しておきましょう。

❷ 地震保険は加入すべきか

(1) 災害時の公的保障

災害で住宅が全壊するなど，生活基盤に著しい被害を受けた世帯に対して「被災者住宅再建支援制度」があります。

住宅が全壊した場合100万円，大規模半壊した場合50万円支給（基礎支援金）

住宅を新築または購入した場合は200万円，補修は100万円，賃借（公営住宅を除く）した場合50万円支給（加算支援金）

世帯数が1人の場合は各該当金額額が4分の3になります。

支給額は，2つの合計額です。例えば，自宅が全壊し，新築した場合は，基礎支援金と加算支援金で合計300万円が支給されます。

(2) 地震保険の仕組み

しかし，公的支援だけでは十分ではありません。特に，住宅ローンがある方は，自宅がなくなったとしても住宅ローンがなくなるわけではなりません。地震保険の加入をぜひご検討されることをお勧めします。

では，地震保険がどういうものなのか，ぜひ知っておきましょう。

まず，地震保険は，火災保険とセットで契約する必要があり，地震保険だけを単独で契約することはできません。火災保険では，地震・噴火・津波等による損害は補償されませんので，地震に備えるためには，地震保険に加入しなければならないのです（地震等による火災の損害については地震火災費用保険で一部補償されます）。すでに火災保険を契約している方は途中からでも加入す

る（付帯する）ことは可能です。

　地震保険は、地震よって家が倒壊や埋没にしたり、焼失（延焼を含む）したり、あるいは今回のような津波で家が流されてしまったり、火山の噴火で家が損壊した時、また、そのいずれかの理由で家財に損害を受けた時に保険金が支払われます。建物は、居住している家か、もしくは店舗併用住宅が対象です。工場や事務所専用の建物など、住居として使用していない建物は対象になりません。

　加入できる金額は、建物も家財もともに、火災保険の契約金額の30〜50%の範囲内と決められています。例えば火災保険の金額が建物2,000万円なら、600万円〜1,000万円までになります。

　地震保険は、火災保険と同じく実損払いです。生命保険なら、保険金額が決まっていて必ずその全額が支払われますが、実際に損害があった分しか補償されません。保険金の限度額は建物が5,000万円で家財が1,000万円です。

　地震保険は、国と民間の**損害保険**会社が共同で運営していますので、どこの会社の保険に入っても補償内容も保険料も同じです。ただし、1回の地震で支払われる保険金の総額には上限があり、この上限を超えると1件当たりの受け取る保険金が**減額**されます。ちなみに現在は5.5兆円です。

(3) 地震保険金の受領手続

　地震保険で支払われる保険金の金額は、損害の状況によって決まっています。東日本大震災でも、**保険証券**に書かれている保険金の限度額を支払われる金額だと思っていて一縷の望みを託していたのに、支払われず予定が狂い、途方に暮れてしまったという話も伺いました。

　地震保険で支払われる保険金の金額は、建物、家財の損害を「全損」「半損」「一部損」の3つに区分し、状況によって次のように決まっています。

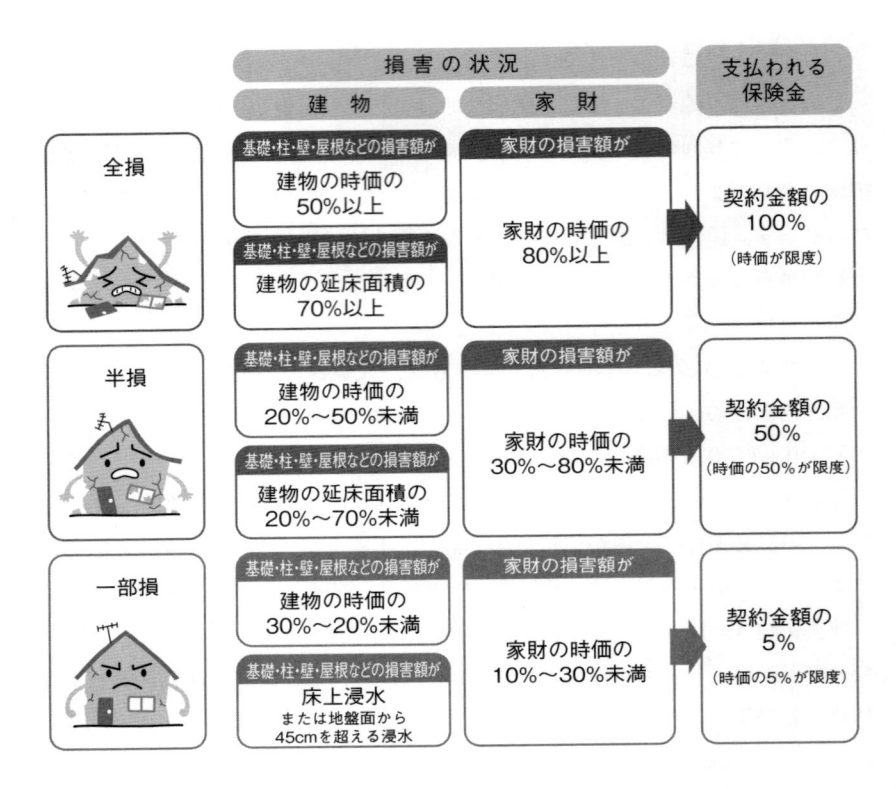

損害の状況		支払われる保険金
全損 建物: 基礎・柱・壁・屋根などの損害額が建物の時価の50％以上／建物の延床面積の70％以上	家財: 家財の損害額が家財の時価の80％以上	契約金額の100％（時価が限度）
半損 建物: 基礎・柱・壁・屋根などの損害額が建物の時価の20％〜50％未満／建物の延床面積の20％〜70％未満	家財: 家財の損害額が家財の時価の30％〜80％未満	契約金額の50％（時価の50％が限度）
一部損 建物: 基礎・柱・壁・屋根などの損害額が建物の時価の3％〜20％未満／床上浸水または地盤面から45cmを超える浸水	家財: 家財の損害額が家財の時価の10％〜30％未満	契約金額の5％（時価の5％が限度）

　火災保険2,000万円で地震保険を建物1,000万円，家財500万円の保険に加入している場合，「全損」なら100％の建物1,000万円，家財500万円が支払われます。「半損」の場合は，50％で建物500万円，家財250万円，「一部損」だと5％で，建物50万円，家財25万円になります。

　被災の状況によって（どの区分にあたるかによって）支払われる保険金が変わってきますので，まずは現状のままで保険会社の人に見てもらいましょう。市町村役場に「り災証明書」を発行してもらっておくとよいでしょう。

　「り災証明書」は，震災で，住居等に被害を受けたほうが，各種支援制度を利用するために，交付される証明書です。建物の被害程度を証明するもので，被害状況の調査（建物被害認定調査）をし，その結果に基づいて認定され発行されるものです。ちなみに，東日本大震災で被害が甚大な地域については，保

険金支払いを迅速にするため，各社での共同調査が行われたそうです。

地震保険の保険料は，所在地（都道府県）と建物の構造により異なります。鉄骨・コンクリート造りのマンションなどの建物のほうが，木造の建物より保険料は割安になります。また，建物の免震や耐震性能に応じて割引制度があります。

■年間保険料例（地震保険契約金額100万円当たり）　　　（2011年8月現在）

建物の所在地（都道府県）	建物の構造区分	
	イ構造（主として鉄骨・コンクリート造の建物）	ロ構造（主として木造の建物）
岩手県・秋田県・山形県・福島県・栃木県・群馬県・富山県・石川県・福井県・鳥取県・島根県・山口県・福岡県・佐賀県・長崎県・熊本県・鹿児島県	500円	1,000円
北海道・青森県・宮城県・新潟県・長野県・岐阜県・滋賀県・京都府・奈良県・兵庫県・岡山県・広島県・大分県・宮崎県・沖縄県	650円	1,270円
香川県	650円	1,560円
茨城県・山梨県・愛媛県	910円	1,880円
徳島県・高知県	910円	2,150円
埼玉県・大阪府	1,050円	1,880円
千葉県・愛媛県・三重県・和歌山県	1,690円	3,060円
東京都・神奈川県・静岡県	1,690円	3,130円

■割引制度

免震建築物割引	割引率30% 住宅の品質確保の促進等に関する法律に基づく免震建築物
耐震等級割引	割引率 耐震等級3…30%/耐震等級2…20%/耐震等級1…10% 住宅の品質確保の促進等に関する法律に基づく耐震等級（構造躯体の倒壊等防止）を有している

耐震診断割引	割引率　10% 地方公共団体等による耐震診断または耐震改修の結果，改正建築基準法（1981年6月1日施行）における耐震基準を満たす場合
建築年割引	割引率10% 1981年6月1日以降に新築された建物である場合

　年間の保険料負担はありますが，家がなくなってもローンは残ってしまうので，住宅ローン残高や資産を考えてご加入を検討されるとよいと思います。保険金の請求は，加入している損害保険会社や代理店に連絡しましょう。請求は3年以内です。

　地震保険を契約している場合は，支払った保険料がその年の契約者の所得から控除されます。
　所得税は，払込保険料の全額で最高5万円まで。個人住民税は，払込保険料の2分の1で最高2万5千円までです。長期契約で保険料を一括払いにした時は，毎年，その年に相応する分を適用します。

■地震保険料控除

	控除対象額
所得税	地震保険料の全額（最高 50,000 円）
個人住民税	地震保険料の 1/2（最高 25,000 円）

(4) 保険金を自由に使える保険

　全労済やコープ共済でも自然災害で共済金が支払われるものがあります。両方に入っていたり，他の地震保険に入っていたとしても，それぞれの契約からの支払金額の合計額が損害額を超えないように調整されるようになります。
　日本震災パートナーズ（**少額短期保険業者**）の地震補償保険 Resta（リスタ）は，火災保険とセットでなくても契約することができます。個人向けの保険では国内唯一単独で加入できる地震の保険です。大地震による被害に遭った場合，

住宅の建て直しには大きな負担です。でも，それ以外にも，避難費用や仮住まいの費用，崩れた住宅の撤去費用，引越し費用など，様々な費用がかかります。収入が途絶えてしまうという問題も深刻です。そんなリスクをカバーするために，保険金を自由に使える保険も検討しておくとよいかもしれません。保険金は最大で 900 万円です。

❸　災害時の生命保険金支払いは？

　生命保険会社には，**約款**に定めた**保険事故**が発生した場合，所定の保険金を支払う義務があります。しかし，生命保険制度の健全な運営を妨げたり，善良な契約者の私益を害したり，社会一般の公益に反したりすることもあるので，商法では，保険金を支払わなくてもよい場合というのを示し，保険金支払い義務を免除しています（これを免責といいます）。

　一般的に，災害関係特約についても，地震，噴火，津波等による時は，生命保険金や給付金を削減したり，支払わない場合があるとされています。しかし，東日本大震災の場合は，これを適用せずに，保険金も給付金も全額支払ってもらえました。

　保険金や給付金を請求する場合は，**保険証券**が必要ですが，東日本大震災の場合は，保険証券がなくても対応してもらえました。まず加入している保険会社に連絡をしますが，加入している保険会社がわからない場合は，**生命保険協会**に連絡すると，契約者の情報をもとに，生命保険協会加盟の 47 社に生命保険会社に契約有無の調査依頼してくれました。該当する生命保険契約があった場合は，加入している生命保険会社から直接連絡がありました。約 2,800 件（2011.5 月末現在）の契約が確認できたそうです。

　社団法人　生命保険協会 HP　http://www.seiho.or.jp/
　各社窓口一覧 http://www.seiho.or.jp/data/news/h22/20110315-1.html

❹ 生命保険金の受取りをどうするか

　保険は，原則，自ら請求しなければ受け取ることができません。東日本大震災では，被災地に出向き，契約者の方の安否を一人ひとり確認された生命保険会社の方も多かったようです。2007年の不払い問題が発覚した時は，保険会社の「待ち姿勢」が非難されましたが，今回は，阪神大震災の1.5倍のペースで支払いが進んだのだそうです。

　不幸にも，保険金受取人である方が亡くなった場合は，法定相続人（配偶者，子ども，父母，兄弟姉妹）が保険金の請求をすることができます。指定代理人請求の届けをしておくことや，離婚や死亡などで受取人が変更した場合は必ず届けておくことが大切です。

　また，今回の東日本大震災では，哀しいことですが，両親を亡くしてしまった子どもさんも多くいらっしゃいました。

　未成年の場合，法的に生命保険請求をすることはできません。この場合は後見人を立てる必要があります。後見人とは，本人の権利を守るために，法的な支援をする人です。「後見制度」には，「成年後見」と「未成年後見」があります。「成年後見」は，認知症や知的障害などで十分な判断能力がない方が対象で，「未成年後見」は，両親を亡くすなどして親権者がいなくなった子どもが対象です。通常，後見人を立てるのには，財産を証明する預貯金の通帳，住民票，**保険証券**などを添えて裁判所で手続を行います。

　生命保険請求は，この後見人がすることになりますが，未成年者の方が19歳で，あと1年経てば保険請求ができる場合などは，そちらの選択もあるかもしれません。この場合，特に今しておかなければならないことというのはないそうですが，念のため加入している保険会社にその旨をご相談されるとよいでしょう。

＊未成年者生保支援ネットワーク

　http://www.seiho.or.jp/data/other/110312disaster/network.pdf

第7章　災害対策をどうするか

　また、「生命保険信託」という商品をご存じでしょうか。

　生命保険と信託を組み合わせることで、保険金の使われ方について、亡くなった後も、契約者（＝**被保険者**）の意思が叶えられるようにするというものです。2010年7月、プルデンシャル生命保険と中央三井信託銀行が共同開発し、「安心サポート信託」という名前で販売されている商品です。

　生命保険会社は、通常、受取人に保険金を支払った後、保険金がどう使われるかということに関与することはできません。たとえ、契約者（＝被保険者）の意思に反する形で保険金が消費されようとも、保険会社にはどうすることもできないのです。この商品への開発意図には、契約者の「願い」を確実に実現するためにという思いがあり、それ信託という形で実現させるというわけです。

　通常、生命保険は、受取人（被保険者、契約者）が保険金請求をしなければ受け取ることができません。しかし、「生命保険信託」は、信託銀行が受取人に代わって保険会社に保険金を請求し、受取後も保険金を管理してくれます。これが一般の生命保険との大きな違いでしょうか。

　未成年の子どもだけが残されるという場合にも、生命保険信託という形をとることで、保険金請求権は受託者である信託銀行がもっていますので、請求権者が問題になることなく保険金の支払いをしてもらうことができます。保険金をどう守るか、この生命保険信託は「保険の保険」という発想で生まれたものです。

　例えば、シングルの親が、自分に万一のことがあった場合に、一人ぼっちになってしまう子どもが必要に応じてお金を受け取れるようにしたい、とか、障害をもつ子どもが、自分たち親が亡くなった後もお金の心配をしなくていいようにという時に使える商品です。この場合、子が、月々定額の交付を受けることも、契約時に指図権者を設定することによって、指図権者の関与の下、臨時に交付を受けることも可能です。また、その後、受益者が死亡して残余財産があった場合は、信託契約に従ってNPO団体に寄付するなど、残余財産帰属者へ交付することもできます。

「後見制度」は，同じように社会的弱者の権利を守る制度で，平成12年に開始してから年々急速に伸び，現在は発足当時の4倍にものぼっています。しかし，件数が急増する中で不正事件も多発していることもあり，特に財産管理をサポートする「後見制度支援信託」が導入されることになりました。本人が，信託銀行などに信託した財産を，後見人が管理する銀行口座に，契約に基づいて，月々の生活費としてやその他臨時支出に応じて一時金として交付するという仕組みです。

「生命保険信託」との大きな違いは，「後見制度支援信託」が，すでにある財産管理であるのに対し，「生命保険信託」は，生命保険ですので，加入した瞬間から万一の時には，大きな金額が保障されているという点です。つまり，保険を使って信託財産を作ることができるのです。

信託というと，ごく限られた富裕層の財産管理というイメージがありますが，生命保険信託は，社会的弱者の財産管理，生活支援のためという意味合いが強いようです。

また，この「生命保険信託」では，社会貢献をしたいという希望がある場合，自分が選んだ公益団体などに一定期間分割して寄付することができるように信託したり，法定相続順序ではない事業承継をしたい時，信託を利用することで自社株取得時の納税資金に充てる資金を手当てすることができようにしたり，二次相続対策のためにお金の管理保全をはかることもできます。

この商品の目的は，違法なものや公序良俗違反でない限り，オーダーメイドで死亡保険金を管理，保全，承継するということです。原則として，生前に25年先まで保険の受取りを誰にするか，いつ払うかなど，自由に決めることができます。受益者を複数にしたり，自然人以外にすることも可能です。自然人以外というのは，例えば，毎月の老人ホームでの費用を交付することを信託し，死亡した後は残りの財産をその老人ホームへ寄付するようにするということです。

第7章　災害対策をどうするか

　また，生命保険はペットを受取人にすることはできませんが，生命保険信託の場合は可能です。例えば，ペットの面倒を見てくれるNPO団体に最後は寄付したいというような希望が叶えられます。その時，契約者の思いをそのままの言葉にして伝えることができます。途中で内容を変更することも可能です。

　死亡保険金は，最低3,000万円以上。複数の被保険者の契約を合算して利用することもできます。既契約者，新規契約者が対象となっています。

　コストは，契約締結時に手数料が5万円（別途消費税），運用開始時にかかる信託報酬（保険金額により決まる。最低100万円），運用報酬，定期管理報酬（1か月当たり1〜3万円）などがかかります。途中での信託内容の変更は無料ですが，中途解約は解約手数料が発生します。

　この生命保険信託，生命保険会社や信託銀行で発売が検討されているそうです。

　「生命保険信託」という商品は1つの安心につながるのかなという思いをもっています。備えるだけではなく，万一の時にきちんと受け取れる保険へ，生命保険も変わろうとしているのかもしれません。

　「生命保険信託」は，金融庁の監視下にある保険会社と信託銀行が，長期間にわたって，しっかり管理運営してくれるという大きな安心感があることと，社会的立場の弱い人が守られる仕組みを実現できるということに大きなメリットを感じます。ただ，コストもそれなりに必要ですし，信託が長期間にわたるという資質上，最低保険金もそれなりに大きな額であるのも現実です。

　信託制度はまだあまり知られてないようですが，家族形態や生き方が多様化する中，また，少子高齢化社会という現実の中で，生活支援の1つの手だてになりそうです。

　先日，ある女性とした話です。彼女は，若い時に勧められて加入した1,000万円の**終身保険**に加入しています。かっこいいキャリアウーマンの彼女。今年49歳のバースデイを迎えるのだけれど，親が亡くなれば，1,000万円もの生命保険を受け取る人もいない。**解約**しようかとどうしようか迷われていました。加入時は，1991年。いわゆるお宝保険といわれる利率のよい時代の保険です。

今後，老後資金としておけます。やめるのはもったいないのではとお伝えしました。

　彼女は，「万一の時，受取人がいなければ，どこかに寄付でもできればいいのに」とおっしゃいました。現在の商品では，3,000万円以上のお客様が対象になっています。でも，彼女のようなおひとりさまも，信託できるようになればもっといいと思います。

用語解説

あ

【アカウント型保険】
　アメリカのユニバーサル保険をモデルにしたといわれている。ユニバーサル保険というのは，正式名称を積立利率変動型保障期間自由設計保険という。契約後も，ライフスタイルに合わせて自由に保障設計ができるフレキシブルな商品という位置付けになっている。契約時に，保険料，保険金額，**保険期間**のうちの２つを決めると残りの１つは自動的に決まる仕組み。変更は毎年可能だが，保険金の増額には告知や診査が必要。

【アクチュアリー】
　生命保険料の算出などをする専門の資格をもった人。

い

【意向確認書】
　申込内容が意向（ニーズ）に合致しているかを契約前に書面で最終確認するもの。

【遺族基礎年金】
　現役被保険者が死亡した時遺族になった子のある妻または子が受給。死亡日の前日において，死亡日の属する月の前々月までの「**国民年金被保険者**」期間のうち３分の１を超える保険料の滞納がないこと。平成28年３月までの特例として，死亡日の属する月の前々月までの直近１年間に保険料の滞納がなければ受給できる。

【一時払い】
　契約の際，**保険期間**全体の保険料を一時で払い込む方法。

【一時払い養老保険】

契約時に，保険料をすべて払い込む養老保険。貯蓄性を重視した商品として，一時は人気があったが，低金利時代の今，人気が薄れている。積極的に販売をしていない会社，販売を見合わせた会社もある。

【1入院】 P96参照

同じ病気や関連する病気で入退院を繰り返した場合，その間の期間が180日を超えていないと「1入院」になる。

【医療費用保険】

ケガや病気で入院すると，3割の自己負担の他にも**差額ベッド代**や付添人へ支払う費用などの費用がかかる。このような実際にかかった費用や，健康保険や**国民健康保険**など**公的医療保険制度**の対象とならない費用を一定の範囲内で保障する保険。

【医療保険】

医療に対する保障を目的にした保険。

【祝い金】

生存中に一定期間を経過するごとに生存給付金を受け取ることのできる**特約**。通常の保険料に生存給付金の部分が上乗せされているので，保険料はその分割高になる。

え

【延長保険】

保険料の払込みを中止して，その時の**解約返戻金**をもとに，元の契約の保険金額を変えないで，一時払いの**定期保険**に変更すること。**保険期間**が，元の契

約の満期を超える場合は，満期までとなり，満期時に**生存保険**金が支払われる。

か

【介護保険】

病気やケガで寝たきりになったり，老齢で認知症になったりした時など，一定の障害状態が一定期間以上継続した時に介護一時金や介護年金が受け取れる保険。

【介護保険制度】

平成12年4月，高齢者介護を社会的に支える仕組みとして発足。

【解約】

契約者が申し出をすることで，契約の継続を打ち切ること。解約すると，その時点で契約は消滅する。

【解約権消滅】

☞「**失効**」参照。

【解約返戻金】

保険契約を中途**解約**した場合などに契約者に払い戻されるお金。払い込まれる保険料の中から，年々の死亡保険金の支払いに充てられる部分と，生命保険の運営に必要な経費を引いた残りを基準として決められた金額。加入後しばらくは，保険料の大半をこの部分に充てられるため，**解約返戻金**はほとんどない。

保険の種類，性別，契約時の年齢，払込方法，**保険期間**，保険金額，経過した年数によって金額が違ってくる。

【学資保険】

教育資金を備える手段として利用している人が多い。契約者が死亡した時は、その後保険料を払い込まなくても、満期になれば保険金を満額受け取ることができる。貯蓄機能と保険機能が組み合わさったもの。代表的なのはかんぽ生命の**学資保険**。しかし、保険機能を重視すれば貯蓄性は低くなる。貯蓄性を高めた商品もあるが、満期が18歳という商品が多く、現在の教育事情に合っていないという側面もある。

→「こども保険」参考

【確定拠出年金制度】

平成13年10月「確定拠出年金法」が施行され、導入された。あらかじめ決まった掛け金を払い込み、契約者自身が運用方法を選択する。運用次第で受け取る年金額が変動する。企業型と個人型がある。

【がん保険】

医療保険の中でがんに特化したもの。がんに対象を絞っているので、保険料は割安になっている。

き

【基礎利益】

保険会社の1年間の保険本業の収益力を示す指標の1つ。保険本業とは、保険料や運用収益から保険金、年金、給付金を支払ったり、**責任準備金**を積立運用したりすることをいう。

【逆選択】

危険度の高い人は、生命保険に加入しようとする傾向が強く、自分に有利な契約を結ぼうとすることをいう。

【給付金】
　被保険者が病気やケガで入院や手術をした時や，災害で障害を負った時などに保険会社から支払われるお金。

【協会けんぽ（全国健康保険協会）】
　☞「全国健康保険協会」参照。

【共済】
　生命保険に類似した商品として，各種**共済**制度がある。生命保険は不特定多数の人を対象とするが，**共済**は居住地や職業などで組合を作って，組合員となる。

　共済は，その主体で3つに分けられる。
① 各種の協同組合が，組合員の福利厚生のために行うもの（**JA共済**など）
② 全国の労働者や勤労市民のために労働者共済生活協同組合が行う労共済（全労災）など
③ 地域の居住者などを対象にした各都道府県の生活協同組合や自治体が行う**県民共済**など

　労働者共済や**県民共済**は，掛け金が比較的安く，年齢，瀬別にかかわらず一律。**余剰金**が出れば還元される「割戻金」もある。告知扱い（無審査）で加入できるが，死亡保障は少額。

【金融商品取引法】
　平成19年9月に，投資性の強い金融商品を対象とする利用者保護法制として施行。金利，通貨の価格，金融商品市場などの変動で契約者に損失が発生するおそれのある特定保険契約の募集には**金融商品取引法**のルール（適合性の原則，契約締結前交付書面をあらかじめこうすることなど）を守ることを義務付けている。

【金融商品販売法】
　金融商品の**重要事項**の説明を義務付け，顧客の知識，経験，財産の状況や取引の目的に照らして相応しい説明をすることを定めている。

く

【クーリング・オフ】
　☞「契約撤回請求」参照。

け

【契約概要】
　保険契約の申込みの際，契約前に保険商品の内容を理解するために渡される情報。

【契約者貸付】
　解約返戻金の一定範囲内でお金を借りられる制度。

【契約者全体の共同準備財産】
　契約者からの保険料は，共同の準備財産として生命保険会社が管理し，運用する。将来の保険金支払いに備えるとともに，**配当金**の割当てとして保険料を還元する。

【契約撤回請求（クーリング・オフ）】
　契約者が，もう一度契約内容を検討する時間的余裕を確保するための制度。**クーリング・オフ**をする場合は，契約者が書面にその意思を明記し，郵送で申し出る。消印の日付が，「契約申込み撤回などについての事項を記載した書面」を交付された日か，「申込み」をした日のいずれか遅い日を含めて8日以内で

あることが必要。ただし，会社指定の医師の審査を受けた後の契約撤回は認められない。契約撤回をした場合は，既払保険料は返還される。

【契約転換制度】

契約者が保険の見直しをする時，保険料を増額したり，新しい保険種類に変えたりすることができる制度。保障内容，保険金額，保険料は変わる。契約している保険の**責任準備金**や**配当金**を**転換**後の契約の一部に充当するので，払込保険料はその分安くなるが，保険料は**転換**時の保険料率によって計算される。保険種類によっては保険料率の引上げとなる場合もある。長期契約における**特別配当**の権利は引き継がれる。

【契約内容照会制度】

生命保険制度が健全に運営されるため，契約内容が登録されている。平成14年4月からは隣接業界間においても契約内容を相互に照会することができる「**契約内容照会制度**」が設けられている。

【契約の解除】

保険会社は，**告知義務違反**を知った場合，保険契約を解除できる。解除の場合，保険金や給付金は支払われない。**解約返戻金**があれば支払われる。ただし，契約者が，死因と**告知義務違反**の事実と全く因果関係がないことを証明した場合は，支払われる。

また，契約が**契約日**または**復活**日から2年を超えて有効に継続した場合や保険会社が解除の原因を知った日から1か月以内に**契約の解除**を行わなかった場合は，解除権は消滅する。ただし，保険金や給付金の支払事由が2年以内に発生していた場合は解除になることがある。

【契約の承諾】

保険**契約の申込み**に対し，保険会社（**保険者**）が，その契約を成立させると

いう意思表示をいう。

【契約の無効】

約款では，契約者または**被保険者**の詐欺による契約の場合，**被保険者**の年齢が会社所定の範囲外の場合，契約者が保険金を不法に取得する目的，または他人に不法に取得させる目的をもつ契約の場合は，たとえ，契約が成立していたとしても法律上は効力は生じない。**契約日**または**復活**日からの年月を問わず無効になる。保険料が支払われていた場合は，年齢範囲外の無効のみ，はじめから契約がなかったものとして既払保険料は返還される。あとの2つは返還されない。

【契約の申込み】

生命保険契約に加入したいという意思表示を申込みという。申込書には，契約者自身が記入し，契約内容を十分理解した上で署名，捺印をする。被契約者欄は，被契約者自身が署名，捺印する。

【契約日】

保険期間の起算日。保険料の払込みや満期日の基準になる日。

【減額】

保険金額を減らすこと。**減額**部分は**解約**扱い。**解約返戻金**があれば払い戻される。

【健康保険組合】

企業が単独，または同業種単位で設立する健康保険。保険料は，原則として従業員と企業が折半で負担して，従業員とその家族の医療費を給付。高齢者医療制度に拠出する支援金の負担が重いことや，新しい医療技術の開発で，保険適用対象が増えるなどの理由で**健康保険組合**の財政は苦しく，保険料を引き上

げる組合が増えている。

【健康保険料率】

企業とその従業員が**健康保険組合**に納める健康保険料の料率。給与と賞与にこの料率をかけたものが保険料になる。**健康保険料率**は都道府県ごとに違う。保険料は労使折半。

【限定告知型保険（引受基準緩和型保険・選択緩和型保険・告知緩和型保険）】

持病があるなどして契約時に告知をすると，医師の審査を受けることになるが，その審査を通らなかった場合でも加入できる保険。通常，保険加入の時，健康状態について細かな質問があり医師の診査が必要だが，限定告知型は，告知の質問項目が3〜5つくらいしかない。普通の保険と**無選択型保険**の中間的な位置付けになるので，保険料は，普通の保険の1.1〜2倍程度割高になる。無選択型よりは安い。持病に対する治療費も保障される場合が多い。しかし，加入後1年間は保険金が半分に**減額**されるのが一般的。

低**解約**払戻金型の保険で，保険料を安く抑えたものも登場した。**医療保険**に**特約**としても付けられる。

【県民共済】

全国生協連（全国生活協同組合連合会）厚生労働省の監督のもと，組合員を対象に**県民共済**を販売。掛け金は，選択する商品や**特約**によって違うが，年齢，性別にかかわらず一律。無審査，告知扱いで加入できる。

こ

【高額療養費制度】

入院や通院の治療で医療費が高額になった時，**自己負担額**の上限（自己負担

限度額という）を超えたら，超えた分が払い戻されるという制度。

【後期高齢者医療制度】

2008年度に，75歳以上の高齢者を対象とした「**後期高齢者医療制度**」が導入された。高齢者の医療費のうち5割を税金で賄い，4割は現役世代が加入する各**健康保険組合**からの支援金で，残りの1割を高齢者自身の保険料で賄っている。

【更新】

定期保険の**保険期間**が満了した時点で，保険料払込満了時点まで自動**更新**する。**更新**ごとに保険料は上がる。

【更新型定期保険】

保健期間が10年，15年，20年などの一定期間ごとに更新していくタイプの定期保険。

【厚生年金】

民間の会社に勤めている人が加入する年金。

【公的医療保険制度】

法律によって定められた公的な**医療保険**制度。会社員やその家族は健康保険（健保），自営業者らは**国民健康保険**（国保），公務員などは**共済**組合にそれぞれ加入する。健保は原則，企業ごとに作る**健康保険組合**が運営する場合と**全国健康保険協会（協会けんぽ）**が運営する場合の2つに分かれる。国保は基本的に市町村が運営する。公的医療保障には，「高額療養費」や「出産育児一時金」など，給付金を受けられる制度がある。

【公的医療連動型保険】

公的な健康保険に連動して手術給付金が支払われる保険。**医療保険**の手術給付金は，健康保険が適用される手術はすべて給付対象。給付対象は約１千種類。医療費の自己負担分がすべて保険で支払われる実費保障の保険商品もある。

【公的扶助制度（生活保護制度）】

生活保護法に基づき，生活困窮者を対象に，その手移動に応じた保護を行い，最低限度の生活を保障し，自立の手助けをする制度

【告知緩和型保険】

☞「限定告知型保険」参照。

【告知義務】

契約を申し込む際，契約者，被契約者は，保険会社が危険度を判断する要素となる重要な事項について，ありのままを告げなければならないと**約款**に定められている。その主な内容は，被契約者または契約者の職業，健康状態，過去の傷病歴，障害状態など。

【告知義務違反】

契約の申込みや**復活**の時などに，契約者，被保険者が，故意に，あるいは重大な過失によって，持病があるなどの重要な事実を告知しなかったか，あるいは虚偽の告知をした場合は，加入後，持病がもとで病気になり入院したとしても「**告知義務違反**」で保険金が払われない。

【告知義務者】

契約者または被契約者。

【告知時期】

契約申込時および**復活**の時。

【告知書】

告知義務者自身がありのままを記入する。**生命保険募集人**へ口頭で告知をしても告知をしたことにはならない。

【国民皆保険】

日本は、全国民が公的な**医療保険**制度に加入する「**国民皆保険**」が建前となっている。会社員や公務員、その扶養家族は、**健康保険組合**や**共済**組合に入り、それ以外の自営業者や学生、フリーター、無職者、会社員OBは原則的に、住まいのある自治体が運営する**国民健康保険**に加入する。

【こくみん共済】

労働者共済。厚生労働省のもと、組合に対して各種**共済**事業を行っている。総合タイプの掛け金は年齢、性別に関係なく一律。1年**更新**の掛捨て。毎年の決算で余剰が出れば割戻金として返される。

【国民健康保険】

自営業者や無職の人が加入する公的健康保険。全国1,800市町村がそれぞれ運営。

日本は、全国民が公的な**医療保険**制度に加入する「**国民皆保険**」が建前となっている。会社員や公務員、その扶養家族は、**健康保険組合**や**共済**組合に入り、それ以外の自営業者や学生、フリーター、無職者、会社員OBは原則的に、住まいのある自治体が運営する**国民健康保険**に加入する。2008年4月に**後期高齢者医療制度**がはじまり、75歳以上はこちらに移った。

健康保険と**共済**組合の加入者は、給料から天引きで保険料が徴収され、保険料は事業主と折半。それに対し、**国民健康保険料**は自ら払い込む。

【国民健康保険の保険料】

　毎年6月頃に，前年の所得によって保険料額が決定され，納付の告知がある。住む地域によって計算方法が違う。保険料の納付期限を守っていれば，通常の保険証が発行される。しかし，滞納していると，督促状が届き，延滞金が付いたり，財産の差押えなどの処分があることもある。滞納が1年未満の場合は，通常の保険証の有効期限より短い「短期保険証」が交付され，それでも納めないで1年以上滞納した場合，特別の事情がなければ「資格証明書」が交付される（注：自治体によって対応は異なる）。資格証明書をもって病院などの医療機関にかかると，かかった医療費の全額を窓口でいったん支払わなければならない。後で申請すると7割（70歳以上は9割）が戻るが，滞納した保険料納入分に充当されて戻らない場合もある。それでもさらに保険料を滞納し続けていると給付の差止めということになる。

　保険料が支払えない人は，保険料の減税制度などがある。

【国民保険料の一部免除】

　上記と同じ理由により，保険料の一部を納付し，残りを免除してもらえる。

　年金額への参入は，4分の1免除は8分の7，半額免除は4分の3，4分の3免除は8分の5として計算される。

【国民保険料の全額免除】

　第1号被保険者の人で，所得が少ない時や，失業などにより保険料を納めることができない時，申請して承認されると保険料が免除される。免除された期間は，老齢基礎年金を受給するための**受給資格期間**に算入できる。年金額は全額を納付した期間の2分の1。

【国民年金】

　日本国内に住む20歳以上60歳未満の人が全員加入する義務がある。25年以上保険料を納めれば受給資格がある。40年間支払えば満額を受給できる。

未納期間がある場合は，その分減額される。

【国民年金保険料】

国民年金は，日本国内に住所のある20歳以上60歳未満のすべての人が加入し，老齢・障害・死亡の**保険事故**に該当した時に「基礎年金」を受けることになる。**国民年金**の加入者を**被保険者**といい（公務員などが加入する**共済**組合は組合員または加入者という），その人の職業により3種類に分かれていて，保険料の納め方が違う。**第1号被保険者**は自分で納める。または免除や納付猶予等の適用を受ける。

【国民年金保険料免除制度】

失業したり，重度の障害を負って働けなくなったりした場合，申請すれば保険料納付を免除してもらえる制度がある。法定免除は，届出をして要件に該当すれば全額免除される。申請免除は，毎年，市町村に申請して認められれば免除される。全額免除，4分の3免除，半額免除，4分の1免除がある。

【ご契約のしおり】

約款は，生命保険契約の内容を正確に表現する必要があるので複雑でわかりにくい。そのため，契約者にとって特に重要な部分を抜き出し，わかりやすく解説したものを**ご契約のしおり**という。原則として，**定款**と**約款**の内容を合本している。

【個人情報保護法】

平成17年4月1日に「個人情報の保護に関する法律（**個人情報保護法**）」が全面施行。これにより，個人情報取扱事業者は，個人情報の取得や利用時の義務，個人情報を適切，安全に管理する義務，本人からの求めに対応する義務などが課せられた。義務規定に違反し，不適正な取扱いをした場合は，主務大臣が必要に応じて勧告や業務改善命令，業務停止命令などの措置をとることがで

きる。

【個人年金保険】
　老後資金の準備を目的にしたもの。終身年金，保障期間付終身年金，確定年金，有期年金，保障期間付有期年金などがある。

【こども保険】
　子どもの教育，結婚などの資金準備を目的にしたもの。子どもが被保険者になり，親が契約者になる。
→「学資保険」参考

【コンバージョン（転換）】
　取扱条件を満たせば，現在加入している保険契約を医的査定なしで他の保険種類に切り替えることができる制度。個人でも法人の保険でも使える。

さ

【災害割増特約】
　災害による事故から180日以内の死亡，高度障害，または所定の感染症で死亡，高度障害になった時，所定の保険金が支払われる。

【再保険】
　保険会社は保険契約のすべてを自社で保障するわけではなく，**再保険**をかけて支払いに備えている。

【差額ベッド代】
　入院時，ベッド代を自己負担して入る部屋がある。その場合，**差額ベッド代**として自己負担しなければならない。**差額ベッド代**や高度**先進医療**費は**高額療

養費制度の対象外になる。

【詐欺による契約の無効】

不法な動機で契約した場合，既払保険料は返還されない。

【三大疾病保障保険（特定疾病保障保険）】

がん，急性心筋梗塞，脳卒中の三大疾病により，所定の症状になった時，生前に死亡保険金と同額の保険金が受け取ることができる。受け取った時点で保険は消滅する。特定疾病による保険金が支払われないまま死亡した場合は，死亡保険金として受け取れる。支払要件は会社によって違うので，詳しくは，『**約款**』を確認すること。同様に，所定の条件を満たせば保険金が出る「**疾病障害保障定期保険**」も**約款**をよく確認する必要がある。

し

【JA共済】

原則として農協（JA）の組合員およびその家族を対象としている。農林水産省監督下に運営。

【自己負担額】

入院や通院の治療で医療費が高額になった時，**自己負担額**の上限（自己負担限度額という）を超えた部分。自分で支払わなければならない。
→「高額療養費制度」参考

【死差益】

予定死亡率による死亡者数より，実際の死亡者数が少ない場合に生じる利益。

【失効】
払込猶予期間を経過しても保険料が払い込まれないと，契約は効力を失う。これを**失効**という。

【疾病】
病気のこと。

【指定代理人請求制度】
　保険契約者が**被保険者**の場合（自分で自分の**医療保険**に入っているということ），もし，本人が病気やケガで意識がないなど請求ができない時，あらかじめ指定している人が，**被保険者**（本人）の代わりに保険金を請求できる制度。
　指定代理人請求の手続をしていない場合，一定の親族が代わりに請求できるが，法定相続人全員の承諾を受けたという証明（差し入れ書）などが必要になる場合あるので，手続をしておくほうがよい。指定代理人は，入院や手術の給付金，高度障害保険金，個人年金などを請求することができる。

【死亡保険】
　被保険者が，死亡または高度障害に場合にのみ保険金が支払われる。死亡保険のうち，**保険期間を決めているものを定期保険**。保険期間が**被保険者**の一生にわたっているものを**終身保険**。**終身保険**に**定期保険**を上乗せしたものを定期保険特約付終身保険という。

【死亡率】
　ある年齢の人が1年間に死亡する割合。1年間の死亡者数を年始の生存者数で割ったものが**死亡率**となる。

【収支相当の原則】
　契約者全体が払い込む保険料の総額と，保険会社が受取人全員に支払う保険

金の総額が等しくなるようにする保険料計算の原則。

　例えば，40歳の男性が1,000人，2,000万円の**死亡保険**を1年間契約。40歳男性の**死亡率**を1,000分の2とする。

　年間に支払う死亡保険金の総額は4,000万円。

　4,000万円の保険金を契約者で公平に負担するには，1人当たりの保険料は4,000万円÷1,000人＝4万円

　保険金相違額は4,000万円となり，収支は等しい。

【終身保険】

　生涯の死亡，高度障害を保障の目的としたもの。死亡または高度障害になった時に保険金が支払われる。

【自由診療】

　そもそも保険診療は，公的医療制度の対象で自己負担は3割。**自由診療**は，保険がきかず全額自己負担になるものをいう。

【自由設計型保険（利率変動型積立終身保険）】

　定期付**終身保険**の終身部分がアカウント型（口座という意味）になっている保険。一部の国内生保で2000年から発売されていて，現在まで主力商品になっていたが，主力は**介護保険**などに移りつつある。**アカウント型保険**は，年齢によって必要な保障を変えられるなど見直しが自在なことなどから，保険の見直し，「転換」をしなくてもいい保険とうたわれている。積立部分（利率変動型積立**終身保険**）と定期保険特約の保険部分で構成されている。保険料は一度アカウントと呼ばれる積立部分に入り，そこから**特約**として付けている各保険の保険料の支払いに充てられ，余ったお金が積み立てられていく。

【収入保障保険】

保険金を一時金ではなく，年金形式で分割して受け取る保険。

【重要事項】
　特に契約者が確認しておかなければならない**重要事項**として，契約の契約条項のうち「重要な事項」，**クーリング・オフ**に関する事項，乗り換え募集時の「不利益となる事実」がある。

【重粒子線治療】91 頁参照
　がん治療における先進医療の１つ。高額な治療費がかかる。

【受給資格期間】
　保険料免除期間や学生納付特例期間なども合わせて 25 年以上。

【主契約】
　生命保険のベースになる部分。**主契約**だけでも契約することができる。

【純保険料】
　生命保険の保険料は，将来，生命保険会社が保険金を支払うための財源となる**純保険料**と，保険会社が事業を維持，管理していくための費用の付加保険料から構成されている。さらに，**純保険料**は死亡保険金を支払うための財源になる死亡保険料と，満期保険金を支払うための財源になる生存保険料で構成されている。

【傷害特約】
　災害により事故の日から 180 日以内に死亡したり，所定の感染症で死亡した時災害保険金が，また所定の身体障害になった時はその程度に応じて障害年金が支払われる。

【障害年金】
　障害を負った時に受給。障害認定では，日常生活が不能（1 級），日常生活

が制限（2級），労働が制限（3級）となっている。

障害の原因になった**疾病**の初診日から1年6か月を経過した日，またはそれ以前に症状が固定した日（障害認定日）に，一定の障害状態になっている時に受給。

初診日の前日において，初診日のある月の前々月までの**国民年金被保険者**期間のうち3分の1を超える保険料の滞納がないこと。平成28年3月までの特例として，初診日のある月の前々月までの直近1年間に保険料の滞納がなければ受給できる。

会社員は，障害状態が最も重い1級，次の2級の場合，**国民年金**から障害基礎年金と，それに加えて障害**厚生年金**も受け取れる（**障害年金**制度も2階建てになっている）。障害**厚生年金**は3級に該当した時も受け取れる。自営業者などは，1級と2級に該当した場合に受け取れる障害基礎年金のみ。3級の障害より軽い場合に**厚生年金**保険から出る「障害手当金」や，共済年金より出る「障害一時金」のような一時金はない。

【少額短期保険業者（ミニ保険会社）】

通常の保険会社よりも設立条件が緩やか。生命保険も**損害保険**も取扱うことができるが，**保険期間**は1年。保険金額は，1人の**被保険者**について一定範囲内で，かつ総額1,000万円以下と決められている。保険料は低めに設定されている。**生命保険契約者保護機構**などのセーフティネットはない。

【消費者契約法】

不適切な勧誘方法で，困惑，誤認をして締結した契約は，その申込み，または承諾の意思表示を取り消すことができる。これは誤認に気づいた時，困惑の時から6か月以内，契約時からは5年以内なら取り消すことができる。また，消費者の利益を不当に害する内容について一部，または全部を無効とすることができる。保険契約も対象になっている。

【傷病手当金】P80 頁参照

　会社員が，病気やけがによる療養のため労務不能状態で給料がもらえないとき，連続して 3 日以上休んだ場合に，4 日目から支給される。支給金額は報酬標準日額の 3 分の 2 で最長 1 年 6 か月。ただし，事業主（会社）から十分な報酬が受けられない場合，任意継続被保険者の人は受給できない。

【女性疾病】

　乳がんや子宮頚がんなど女性特有のがんや，流産や妊娠，分娩に伴う合併症など，女性の身体のみに存在する器官にかかわる病気をさす。

【所定の 88 種】

　保険業界基準で定めた 88 項目，約 500 種類ある。**医療保険**の手術給付金の対象になるもの。

【所得補償保険】81 頁参照

　病気やケガで長期間就業不能状態になったとき，お給料のように月ごとの給付を行う保険。
　→就業不能保険　P81

【診断一時金】

　「がん」と診断されたり，「三大疾病」などの所定の自由に該当したら支払われる。

【診療報酬】

　医療機関で病気やケガの治療を受けると，医療行為の 1 つ 1 つに「**診療報酬**」として公定価格が定められている。

す

【据　置】

配当金の支払方法の1つ。配当金に利息を付けて積み立て，保険金支払時または契約者の請求したときに支払われる積み立てた配当金は複利で運用される。

せ

【生活習慣病】

がん，高血圧性疾患，心疾患，脳血管疾患，糖尿病をいう。

【生死混合保険】

死亡保険と**生存保険**を組み合わせた保険。**被保険者**が保険期間内に死亡または高度障害になった場合には**死亡保険**が支払われ，満期まで生存していた場合には**生存保険**金が支払われる。**死亡保険**と**生存保険**を同じ割合で組み合わせたものを**養老保険**。**養老保険**の上に**定期保険**を上乗せしたものを**定期保険特約付養老保険**といい，満期保険金より死亡の場合の保障が大きくなっている。

【生存給付金付定期保険】

生存給付金付定期保険は，**保険期間**中，一定期間が経過するごとに「お祝い金」「ボーナス」と呼ばれる生存給付金が受け取れる保険。**保険期間**中に死亡したら死亡保険金が受け取れる。普通の**定期保険**より，生存給付金が受け取れる分，保険料は高くなる。

【生存保険】

被保険者が満期まで生存している場合にのみ保険金が支払われる。**生存保険**を主体として各種の死亡保障が付いている。

【政府管掌健康保険】

政府管掌健康保険は，従来は国（社会保険庁）が運営していたが，平成20年10月1日，新たに全国健康保険協会が設立され，「協会けんぽ」として協会が運営することになった。
→「全国健康保険協会」参考

【生命表】

年齢や性別で分けられたある集団について，その死亡率を観察し，人の生死の法則を表にしたもの。

【生命保険協会】

生命保険業の健全な発展および信頼性の維持を図るため様々な活動を行っている社団法人。現在国内で営業を行う全生命保険会社が加盟している。

【生命保険契約者保護機構】

生命保険会社が万一破綻した時，契約者を保護するための，国内で免許を得た全保険会社が加入している。すべての保険契約が補償対象とされ，破綻時の**責任準備金**の90％までが補償されるとされている。

3％を超える高**予定利率**契約は85％～90％の補償。簡易保険や**共済**は対象外。損害賠償保険と家計地震保険は**責任準備金**の100％が補償。

【生命保険募集人】

保険会社と契約者の保険契約締結の媒介を行う。代理権はないので，直接契約を結ぶことはできない。

【生命保険料控除】

1月1日から12月31日までに支払った保険料に応じて，一定額がその年の契約者の所得から控除され，所得税と住民税が軽減される制度。保険料から**配**

当金を差し引いた正味払込保険料が対象になる。**約款**上，**配当金**で保険金を買い増す場合や積立**据置**で途中の引出しができない場合は保険料がそのまま**生命保険料控除**の対象となる。一般の**生命保険料控除**と**個人年金**保険料にかかる控除がある。それぞれ，所得税は，年間正味払込保険料の10万円までが対象となり，控除額は最高で5万円（合計で10万円）。住民税は，年間正味払込保険料の7万円までが対象となり，控除額は最高で3万5千円（合計で7万円）。H24年度分以降の契約についてはP128を参照のこと。

【責任開始期】

契約上の責任が開始されるためには，保険会社の承諾が前提となるが，保険会社が申込みを承諾した場合，責任開始期は，申込み，告知（診査），第1回保険料の払込みの3つがすべて完了したとき。

【責任準備金】

保険会社は，加入者が支払う保険金の中から保険金支払いの原資に充てるため「**責任準備金**」として積み立てている。万一，保険会社が破綻した時は，原則，その時点の**責任準備金**の最低9割が補償される。逆に言えば最大で1割カットされることになる。**責任準備金**だけでなく，**予定利率**もカットされることが多い。

責任準備金の額は，**解約返戻金**より少し高めと考えればよい。貯蓄性の大きいものほど**責任準備金**の額は増え，定期型のものはほとんど返戻金はない。

保険契約は救済会社などに受け継がれることになっているが，保障内容は，保険金が**減額**されたりする可能性もある。破綻後，すぐ**解約**をすることは難しく，またその後も10年ほどは，**解約**すると違約金を科せられるなどの可能性が高いのが現実。

外資系の保険会社であっても国内で営業する保険会社は，**生命保険契約者保護機構**への加入が義務付けられている。

【世帯合算】

70歳未満の場合，基本的には入院と通院治療は別々に計算するが，同じ世帯（同一世帯）で21,000円以上の窓口負担が1か月に2件以上あった場合，世帯全体で計算することができる。ただし，同じ公的医療保険に加入していなければならない。

多数該当も**世帯合算**も申請が必要。

高額療養費の請求は，診療を受けた翌月の1日から2年間。「高額療養費支給のお知らせ」がきた時点から2年間有効。自治体によっては通知サービスをしていないところもあるので注意が必要。

申請して給付を受けるまでに通常3〜4か月はかかる。

【全期型】

保険料が加入から払込満了まで変わらないこと。

【専業主義】

生命保険会社は，他の事業を営むことが制限されている。生命保険事業と**損害保険**事業の兼営も禁止されている。

【全国健康保険協会】

主に中小企業の従業員やその家族が加入する**政府管掌健康保険**（政管健保）に代わって，2008年10月1日に「**全国健康保険協会（協会けんぽ）**」として発足した（政管健保はなくなった）。**協会けんぽ**に変わっても，高額療養費や**傷病手当金**などの給付の内容は変わらないが，保険料率の決め方は変わった。それまで全国一律に月給とボーナスに利率が課されていたが，2009年4月以降は，都道府県ごとに保険料を決めることになった。発足から5年間は，地域によって差が出すぎないように調整されるとされているが，医療費が多い地域ほど保険料は高くなる傾向がある。

景気の低迷で保険料収入が減ったり，高齢化での影響で医療費の支出が増え

るなどにより**協会けんぽ**の財政は悪化しているため，保険料率は上がっていくとされる．

【先進医療】

　先進医療技術とは，大学病院をはじめとする資料機関で行われる最先端の医療のうち，厚生労働大臣によって承認を受けた医療機関で行われる特定の医療技術のこと．

　治療時の身体的負担が少なく，がんが治療できるなど利点が上げられる．まだ公的医療保険の対象にはなっていないが，保険を適用すべきか検討段階にある医療とされている．通常，検査や投薬，入院費用は健康保険の適用されるが，**先進医療**の技術料には健康保険は適用されないので全額自己負担となる．もちろん**高額療養費制度**の対象にもならない．民間の**医療保険**の**先進医療特約**は，この技術料の部分に対して支払われるもの．

【選択緩和型保険】

☞「限定告知型保険」参照．

【選択の必要性】

　危険度が**予定死亡率**の範囲内である健全な**被保険者**集団を作るため，契約の選択を必要としている．

そ

【相互会社】

　保険事業だけに認められている形態で，契約者は原則として社員となり，生命保険会社の運営に参加する．実際には社員の中から選ばれた総代が，総代会で**重要事項**を決定している．

【相互扶助の精神】
　生命保険は,「1人は万人のために,万人は1人のために」という**相互扶助の精神**で成り立っている。多くの人が,保険料としてお金を出し合い,誰かに万一の事態が起これば,残された遺族に保険金が支払われる。無事に過ごせた人は掛捨てとなる。

【ソルベンシー・マージン比率】
　大震災や株の暴落など,想定外のリスクに対して保険会社の支払余力がどのくらいあるかを判断するための指標。200％を下回ると金融庁長官によって早期是正措置がとられる。

【損害保険】
　主として「物」に関する保険だが,所得補償保険,傷害保険,介護費用保険のように「人」に関する保障も行う。

た

【第1号被保険者（公的年金制度）】
　厚生年金保険や**共済**組合などに加入していない20歳以上60歳未満の自営業者,自由業,農業や漁業に従事する人,国会議員,地方議会議員,学生,フリーター無職の人などが加入。

【多数該当】
　同じ世帯で1年間に3回以上,高額医療費の支給を受けたら,4回目からは自己限度額が引き下げられる。

【単生保険】
被保険者が1人の保険。

→「連生保険」参考

【団体信用生命保険】
　住宅ローンの債務者は死亡や高度障害になった時，残金を相殺するための保険。したがって，住宅ローンの債務者の借入残高が保険金となる。

ち

【注意喚起情報】
　契約時や契約後に注意喚起をすべき情報。

【中高齢寡婦加算】
　夫の死亡時に40歳以上65歳未満で子のない妻や，夫の死亡時に子のある妻で，すべての子が18歳到達年度の年度末（または障害ある子は20歳に達したとき）になり，遺族基礎年金が打ち切られた時点で40歳以上65歳未満の妻は，中高齢寡婦加算額59万1,700円（平成23年度価格）が加算される。
　65歳以上になると，妻自身の老齢基礎年金が受け取れるようになり，中高齢寡婦加算はなくなる（昭和31年4月1日以前生まれの人には経過的寡婦加算あり）。

【長期平準定期保険】
　保険期間が長期の平準**定期保険**。最長100歳までのものもあって，**解約**時期によっては**解約返戻金**が多くなる。**定期保険**でありながら，貯蓄性の高い保険。保険料は，期間が長い分，保険期間が10年や20年などの一般的な平準定期保険よりは割高だが，**終身保険**よりは割安になっている。**保険期間**終了時には**解約返戻金**はゼロになる。法人契約で多く利用されている。

【貯蓄保険】

5年など比較的短い**保険期間**に貯蓄を目的に積み立てる保険。一部の保険会社しか扱ってはいないが，保障を災害死亡保障にすることで貯蓄性を高めている。病気での死亡の場合は，払込保険料に応じた死亡給付金が支払われる。

つ

【通院特約】

入院給付金の支払対象となる入院をして，その病気やケガを治療の目的として，退院後120日以内に通院した場合，「通院給付金」が受け取れる。入院前の通院が保障されているものもある。**1入院**日，通算1,095日が限度。

て

【定額終身保険】

契約時に定められた保険金額が**保険期間**中，一定して変わらない。一般勘定で運用される。

【定款】

会社の組織，活動，運営について基本的規則を定めたもの。会社法および保険業法により最低限記載すべきことを定めている。

【定期保険】

平準定期保険・**逓減定期保険・逓増定期保険・三大疾病保障定期保険**などがある。満期があり，**保険期間**中に，**被保険者**が死亡または高度障害になった時（この2つはセットになっている）に保険金が支払われる。**解約返戻金**はないか，ごくわずかである。

【定期保険特約付養老保険】

養老保険に**定期保険特約**を付加したもの。

生死混合保険（定期保険特約付養老保険の例）

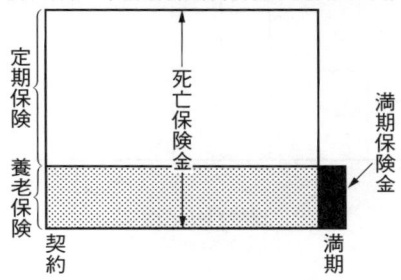

死亡した時は，満期保険金の5倍，10倍，20倍といった高額の死亡保障を得ることができる。かんぽ生命の主力商品で，特別養老保険と呼ばれている。通常の**養老保険**は普通養老保険と呼ばれる。

【逓減定期保険】

受け取る保険金額が一定割合で減っていく保険。

【逓増定期保険】

逓増定期保険は，保険金額が増えていく保険。保険料は一定だが，契約後一定期間ごとに保険金額が増えていく。死亡または高度障害になった年度によって受け取る保険金が違ってくる。また，**解約**時期によっては**解約返戻金**が多く貯蓄性が高いので，法人契約でも多く利用されている。

契約　　　　　　　　　　　　　　　　払込満了
　　　　　　保険料払込期間

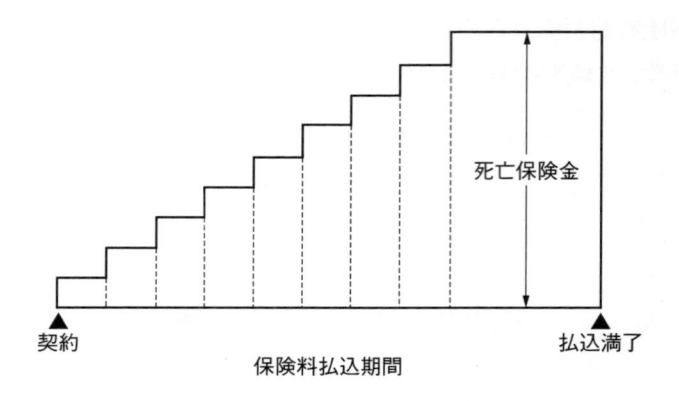

【転換】

☞「コンバージョン」参照。

と

【特定疾患保険】

　特定の病気に特化した保険。例えば，ぜんそく患者が入れるもの（ただし条件はある），糖尿病患者や小児がん経験者が入れるものもある。保険料は高額な場合が多く，保障も十分とは言えないものもある。

【特定疾病や部位の不担保】

☞「特別条件付契約」参照。

【特別条件付契約】

　保険契約時，持病の告知をすると医師の審査を求められるが，その審査が通って「**特別条件**」が付かなかった場合は，通常の**医療保険**になる。「**特別条件**」が付いた場合は，「保険料の割増」「保険金の削減」「**特定疾病や部位の不担保**」などを付けて契約する**特別条件付契約**となる。責任開始期は通常の**医療保険**と

同じ。

「特別保険料徴収法」は健康な人の保険料に一定割合を上乗せした保険料を支払うことで通常の保険に加入できる。「**特定疾病や部位の不担保**」とは，持病のある部分だけ一定期間保障がないというもの。

これらの引受基準や保険料の上乗率は保険会社によって異なる。

【特別配当】

一定期間以上継続した長期契約に対する配当。

【特約】

主契約に付加して契約するこができる。複数の**特約**を付けることができるが，**特約**のみ単独では契約できない。種類によっては，他の**特約**と合わせて契約しなければならないものもある。

一般的には，**主契約**を契約する時に付加するが，商品によっては**保険期間**の途中で付加（**特約の中途付加**）できるものもある。満期になると，**特約**の保障も終わる。

な

【七大生活習慣病】

がん（悪性新生物・上皮内新生物），糖尿病，心疾患，高血圧性疾患，脳血管疾患，肝硬変，慢性腎不全。

に

【入院給付金】

病気やケガで入院すると契約で決めた日額が保障される。

ね

【年払い】

保険料を毎年1回払う方法。月払いより割安になる。

の

【乗合代理店】

1つの保険会社の専属代理店と複数の保険会社の商品を取扱う**乗合代理店**がある。**乗合代理店**は，来店型といわれる店舗と，インターネット上で展開しているものがある（厳密に言うと，銀行や証券会社での窓口販売，郵便局も保険代理店の1つ）。

は

【配当金】

契約者から預かった保険料をもとに，保険会社が経営努力をして生じた余剰金を契約者に返すもの。

個々の契約に対し，**死差益**，**利差益**，**費差益**の各利源別で割当てが決められている。保険種類，性別，契約年齢，払込方法，経過年数，**保険期間**，保険金額等によって異なり，契約者間の公平が保たれている。

通常の配当の他に，長期継続契約に**特別配当**が割り当てられていることもある。

有配当保険には毎年配当型，3年ごと配当型，5年ごと配当型などがある。

毎年配当型は，契約後3年目から支払われる。1年を超えた契約に対し，年度末の決算日に**配当金**が割り当てられ，その後**契約日**に支払われる。

5年ごと配当型は，契約後6年目から5年ごとに支払われる。

受取方法は，契約時に決めるが，保険種類によっては選択ができないものも

ある。

　方法として，支払われた**配当金**を保険会社に積立て（**据置**）する。この場合，定められた利率で複利運用される。

　配当金で保険金を買い増す。他に，保険料との相殺や現金で支払いを受けることもできる。

　利差益のみを配当としているものを**利差配当付保険**という。

　同一の条件の保障内容なら，**無配当保険**が一番安く，次が**利差配当付保険**，**有配当保険**が一番高くなる。

【払済保険】

　保険料の払込みを中止して，その時の**解約返戻金**をもとに，**保険期間**を変えないで，**一時払いの養老保険**もしくは，元の契約と同じ種類の保険に変更すること。保険金額は小さくなる。**特約**はなくなる。

ひ

【引受基準緩和型保険】

☞「限定告知型保険」参照。

【非喫煙割引】

　リスク細分型保険で，死亡リスクが低いとして喫煙習慣のない人の保険料が割り引かれる。非喫煙者で健康体（BMI：肥満度指数や血圧の値が決められた範囲内である人）だと，さらに割安になる。禁煙してから2年以上経過していないと認められない商品もある。

【費差益】

　予定事業比率による事業費より，実際に使った事業費が少なくて済んだ場合に生じる利益。

【被保険者】
その人の生死，病気，ケガなどが保険の対象になっている人のこと。**被保険者**は原則変更不可。

【標準体契約】
保険会社が契約を引き受ける時，**標準体契約**と**特別条件付契約**がある。**標準体契約**は，一定の危険の範囲内にある人に対して，基準の保険料で契約を行う場合をいう。

ふ

【付加給付制度】
大手企業の**健康保険組合**には，**高額療養費制度**の払戻しにさらに上乗せして付加給付が行われる制度がある。その分，自己負担が少なく済む。

【復活】
失効した契約でも**失効**後3年以内であれば，所定の手続を経て，効力を元に戻すことができる。これを**復活**という。手続には，**告知書**または医師の診査で，保険会社の承諾を得て，未払保険料を払い込むことが必要。

【不慮の事故】
自然災害や交通事故など，期せずして起こった事故。故意ではなく転倒して負ったケガなども含まれる。

へ

【平均寿命】
0歳の**平均余命**。

【平均余命】

各年齢者が将来平均して生きられる年数。

【平準保険料】

生命保険料は，**死亡率**に比例して高くなるので，一般的に年齢が上がると高くなる。年齢が下がるにつれて保険料は安くなるので，例えば，25歳と75歳の時の保険料を平準化して，一律いくらというように決める方法をいう。

【変額個人年金保険】

顧客が払い込んだ保険料を保険会社は特別勘定で運用し，年金原資を増やす商品。市場が不況になると，受け取れる年金額が少なく，好調に運用できれば多くなる。年金額や**解約返戻金**は運用次第。

加入時に一括払いで払い込む商品が多い。**解約**時に契約時費用が差し引かれ，運用期間中も運用関係費用，保険関係費用がかかる。途中で**解約**したら解約控除として差し引かれる。中には，払込保険料の105％を保証するものもあるが，その分コストはかかる。

【変額保険】

定額保険は契約時に定めた保険金額が，**保険期間**中一定だが，**変額保険**は，資産の運用実績に応じて変動する。運用成績がよければ保険金額は大きくなり，悪ければ小さくなる。特別勘定で運用される。

終身タイプ（終身タイプ），**養老保険**タイプ（有期型），**変額個人年金保険**がある。

【変額保険終身型】

保障は一生涯。死亡・高度障害保険金額は試算の運用実績によって毎月増減するが，契約時に定めた基本保険金額は保障されている。

【変額保険有期型】

死亡保障は満期までで，満期まで生存すれば満期保険金が支払われる。死亡・高度障害保険金額は試算の運用実績によって毎月増減するが，契約時に定めた基本保険金額は保障されている。ただし，満期保険金額は保障されていない。

ほ

【保険受取人】

保険金や給付金，年金などを受け取ることができる人。**保険契約者**によって指定されている。契約後変更も可能。

【保険応当日】

保険期間の起算日。保険料の払込みや満期日の基準になる日。

【保険期間】

契約により保証が続く期間。この期間内に**保険事故**が発生した場合にのみ，保険会社から保険金や給付金が受け取れる。保険料**払込期間**と同じものも違うものもある。

【保険業法】

国は，生命保険事業が健全に運営されることにより，契約者等を保護するために**保険業法**を定めている。生命保険事業は免許制で，金融庁が監督，規制している。

【保険金】

被保険者が死亡，高度障害になった時，あるいは，満期まで生存した時に保険会社から支払われるお金。

【保険金の不払い問題】

2005年2月，明治安田生命の不払い問題を機に，多くの国内生保でも発覚した。本来，保険金を支払うべき**保険事故**にも関わらず，契約者がその複雑な商品設計ゆえに内容を十分把握しきれておらず，多くの請求もれが生じた。

【保険契約者】

保険会社と保険契約を結び，契約上の権利と義務をもつ人。契約後に変更することもできる。

【保険事故】

保険契約において給付の対象になる原因のこと。公的保険での**保険事故**は，老齢，障害，死亡の3つ。私的保険では，保険金などの支払いを約束された事故。死亡，高度障害，病気になるなど。満期までの生存も**保険事故**という。

【保険者】

保険会社のこと。

【保険証券】

保険契約の内容を記載した証券。

【保険ブローカー（保険仲介人）】

保険会社から保険募集の委託を受けないで，中立な立場で保険契約の媒介をする。契約締結権，保険料受領権，告知受領権はない。

【保険法】

保険契約に関する基本的なルールを定めている法律。生命保険，**損害保険**，がんなどの傷害疾病保険，**共済**などに適用される。**保険法**に定められた規定よりも，契約者や受取人に不利になる内容の**約款**は無効になる。

【保険料】
保険契約者が保険会社の対価として保険会社に払い込むお金。

【保険料払込期間】
契約者が保険料を支払い続ける期間。

【保険料払込猶予期間】
保険料は，契約ごとに決められた払込期間内に払い込む必要がある。しかし，1日でも遅れたらすぐさま効力を失うということではなく，払込期日を過ぎても一定の猶予期間が設けられている。払込方法（回数）によって猶予期間は異なる。

月払は，払込期日の翌月初日から末日まで。

年払，半年払は，払込期日の翌月初日から翌々月の月単位の契約応答日（契約応答日がない日はその月の末日）まで。

団体月払は，保険会社によって取扱いが異なる。

万が一，猶予期間中に死亡事故があった場合は，死亡保険金から未払い保険料が差し引かれて保険金が支払われる。

ま

【マネーロンダリング】
資金洗浄のこと。金融機関の口座を転々とさせることで，資金の出所をわからなくする。

み

【3つの危険】
選択の基準となる身体上の危険，環境上の危険，道徳上の危険（モラルリス

ク）をいう。

　身体上の危険とは，**被保険者**の体格，傷病歴，健康状態，障害状態など。

　環境上の危険とは，**被保険者**の職業や仕事内容により危険度が異なること。

　道徳上の危険とは，生命保険を悪用し，不当に保険金を得ようとすること。

む

【無選択型保険】

　持病があるなどして契約時に告知をすると，医師の審査を受けることになるが，その審査を通らなかった場合でも，加入できる保険。通常，**医療保険**は，保険加入の時，健康状態について細かな質問があったり，医師の診査が必要だが，無選択型は，告知は求められない。加入できる年齢に下限があるが，誰でも加入できる。しかし，持病に対する治療費は保障されない場合が多く，持病に関係のない加入後の病気でも，加入後一定期間は保険金が出ない。保険料も普通の**医療保険**の1.5〜2倍程度割高になる。

【無配当保険】

　配当を行わない保険。

め

【免責事項】

　約款に定められた**保険事故**が発生した場合，保険会社は所定の死亡保険金や給付金を支払う義務がある。しかし，保険制度の健全な運営を妨げたり，善良な契約者の私益を害したり，社会一般の公益に反したりする場合，保険金を支払わなくてもよいという保険金支払い義務を免除している。商法によって定められ約款に明記されている。

・**被保険者**が**契約日**または**復活**日から所定期間内に自殺した時

- **被保険者**が犯罪行為，または死刑の執行で死亡した時
- 死亡受取人が故意に**被保険者**を死亡させた時。ただし，受取人が複数いる場合は，その殺害に全く関与していない受取人には受け取るべき割合が支払われる。
- 契約者が故意に**被保険者**を死亡させた時
- **被保険者**が戦争やその他の変乱によって死亡した時。ただし，保険の計算基礎に及ぼす影響が少ないと会社が認めた場合は，全額，あるいは削除して支払われる。

【免責日数】
保険事故が起こっても保険金や給付金が支払われない日数。

や

【約款】やっかん
生命保険契約で，保険会社と契約者のお互いの金利義務を規定したもの。保険種類ごとに**約款**はある。その作成や改正にあたっては金融庁長官の認可が必要。

約款の中から，契約者にとって特に大切な部分を抜き出し，平易に解説したものが『ご契約のしおり』。原則として，**定款**・**約款**と合本し「ご契約のしおり」として配布している。

ゆ

【有配当保険】
利差益，**死差益**，**費差益**から生じた**余剰金**をもとに，原則として毎年配当を行う。
→「**配当金**」参考。

【優良体保険】

健康状態が良好だと保険料が安くなる。タバコを吸わない人の保険料が割り引かれる**非喫煙割引**もある。

よ

【陽子線治療】

がんに放射線を集中して当てる技術。早期のがんなら根治する可能性が高い。また，周りの細胞への影響も少なく，身体への負担が少ないとされる。

【養老保険】

満期時に死亡保険金と同額の満期保険が支払われる。貯蓄しながら保障もあるお得な保険，貯蓄機能をもつ生命保険等といわれている。しかし，**予定利率**の低い今，その貯蓄機能は疑問。また，現在の物価と将来の物価水準を考えた場合も同様のことが言える。保険料は，**終身保険**よりさらに高い。途中で**解約**すると元本割れすることもある。

【余剰金】

毎年事業年度末の決算で生じた余り。

余剰金の３利源とは，**死差益**，**利差益**，**費差益**からなる。**相互会社**の場合，**余剰金**の一定割合を社員（契約者のこと）配当準備金に繰り入れ，これを財源として**配当金**を支払うことを定めている。

それぞれの利源から常に**余剰金**が出るとは限らず，実績がマイナス（逆ざや）になる場合もある。利差損，死差損，費差損となる。

【予定事業費率】

保険会社が，事業の運営上，必要な経費をあらかじめ見込んで保険料の中に組み入れている。この割合をいう。

【予定死亡率】

　生命表によって，年齢や性別ごとに生死が予想されている。これをもとに，将来の保険金に充てる保険料を計算するが，それに用いる**死亡率**をいう。

【予定利率】

　保険会社は，契約者から預かった保険料を将来の保険金の支払いに備えて運用している。

　保険料は，あらかじめ一定の運用利益を見込んで割り引かれている。この割引に使用する利率を**予定利率**という。景気がよくて高く見込むことができれば，それだけ保険料は安くなる。**予定利率**は，安全性，確実性を見込んで決められる。

り

【利差益】

　予定利率による運用収入見込額より，実際の運用収入が多い場合に生じる利益。

【利差配当保険（5年ごと利差配当型）】

　利差益による配当のみ。5年ごとの配当。
→「配当金」参考

【リスク細分型保険】

　例えば，タバコを吸うなど，**被保険者**がもつリスクの度合いによって保険料が設定されている商品。保険金が支払われる確率が低いとみなされれば保険料は割安になる。

【リビング・ニーズ特約】

余命6カ月以内と医師に診断された場合，死亡保険金の一部または全額を生前に受け取ることができる特約。

れ

【連生保険】

被保険者が2人以上の保険。1人の**被保険者**が死亡したら，他の**被保険者**に保障が継続されたり，保険料の払込みが免除される。**学資保険**，**こども保険**，夫婦年金などがある。
→「**単生保険**」参考

ろ

【労働災害】

労務上や通勤途中に災害にあった労働者やその遺族に，保険給付がある。政府管掌の保険制度。

【老齢基礎年金】

老齢になった時に受給。

受給するには，「保険料納付期間」「保険料免除期間」「学生納付特例期間・若年者納付猶予期間」「合算対象期間」の合計が25年以上必要。25年満たない人でも，**厚生年金**保険の**被保険者**期間により，**受給資格期間**を満たすことができる。受給は65歳から老齢基礎年金を受給できる。希望すれば60歳から繰上げ受給ができる。

また，66歳以後の希望する時点から繰り下げて受け取ることもできる。

繰り上げ（繰り下げ）て受給した場合，受け始める時点に応じて一定の割合で減額（増額）された年金を生涯受け取ることになる。

おわりに

　保険商品は，本当にたくさんあります。現在，**生命保険協会**に加入している47社の主な商品のダイジェスト版が手元にありますが，1つとして同じ商品はありません。あの手この手で魅力的な（？）商品づくりがなされています。多くの**特約**がついたり，**主契約**を変形させることなどで，内容が見えにくくなっています。また**特約**に保険会社独自のペットネームをつけたりして，ますますわけがわからない，ってことも。でも，この本に書いてあることがすべての基本ですので，複雑に見える保険もすべてその派生形。正式名称に使われているワードや，仕組図で何を保障する商品なのかはわかっていただけると思います。

　あと，保険商品のネーミング（ペットネーム）とキャッチフレーズには注意が必要です。

　大変魅力的なものが多いのですが，例えば若年層向けに「レジャーや教育資金が準備できる**医療保険**」なんていう商品も販売されていますが，貯蓄になるのは無事故ボーナスやお**祝い金**。嬉しい名前ですが，これは保険会社からのプレゼントではありません。通常の保険料にちゃんと上乗せしてその分を自分が支払っています。

　やはり，今の時代，貯蓄と保険は別に考えたほうがいいと思いますし，よく言われる，「保険はわかりやすくシンプルなのが一番！」というのも真理かと思います。

　特約が付けばつくほど保険料は高くなりますし，保障内容の把握はしきれなくなっていきます。保険は自分で請求しなければ保険料を受け取ることはできません。内容が理解できていなくて請求しそびれたら保険の意味もありません。

　ぜひ，ご自身の保険を正確に把握し，ムダなくもち，万一の時にはきちんと請求してください。みなさまの未来が，「安心」のもとで大きく豊かに幸せになりますように。

執筆にあたって，多くのみなさまに取材をさせていただいたり，貴重な資料をご提供いただきました。また，執筆内容について適格なアドバイスをいただきました。この場をお借りして，本書の出版にご協力いただいた方々にお礼を申し上げます。今井　隆さん，杉田和也さん，杉山　実さん，出口治明さん，野口俊哉さん（50音順），その他たくさんの方々にお世話になりました。税務経理協会の編集者の山本俊さんにも，心から感謝いたします。ありがとうございました。

【参考文献】
『平成22年度　生活保障に関する調査』（財）生命保険文化センター
『平成22年版　インシュランス生命保険統計号』　生命研究所
『よくわかる年金制度のあらまし　平成23年度版』㈱サンライフ企画
『ほけんのキホン』（財）生命保険文化センター
『生命保険入門』　出口治明著　岩波書店
『わが国におけるディサビリティ保険市場の発展と課題』　ライフネット生命　杉田和也
『地震への備え大丈夫？』（財）日本損害保険協会
『がんセミナー来場者へのアンケート調査結果から見えるがんへの意識』（ニュースリリース）アフラック
『生命保険会社の保険契約者保護制度』　生命保険契約者保護機構

　平成24年1月

岩城　みずほ

【著者略歴】

岩城　みずほ（いわき　みずほ）

オフィスベネフィット代表　ファイナンシャル・プランナー。CFP® 認定者。DC プランナー。日本 FP 協会会員。

愛媛県生まれ。慶應義塾大学卒。NHK 松山放送局を経て，フリーアナウンサーとして 14 年活動。報道番組，パブリシティ番組，選挙特番などの他，BS，ラジオ，各種司会，リポーターを務める。その後，セミナー講師に。大手銀行，保険会社などのコミュニケーション研修のために FP 資格を取得。生命保険会社を経て 2009 年独立。得意分野は，保険と資産運用。「未来の『安心』と『豊かさ』を一緒に考え，共に成長していくこと」をモットーに，セミナー，執筆，個人相談を通して，様々な情報，サービスを発信し続けている。

著書『30 年後も安心に暮らせる！お金の鉄則』（マガジンハウス）

マネー女史の資産運用研究所　WEB 事典「ほけんぺでぃあ」，「サムライズプロジェクトジャパン」主催。

- ●WEB 事典「ほけんぺでぃあ」　http://www.hokenpedia.com/
  （火曜ブログ「わたしのほけん ABC」／金曜ブログ「わたしの資産形成 ABC」更新中）
- ●オフィスベネフィット　http://www.officebenefit.com/

著者との契約により検印省略

平成24年4月15日　初版発行

保険リテラシーが身につく本
―生命保険の基礎知識―

著　　者	岩　城　みずほ
発 行 者	大　坪　嘉　春
製 版 所	美研プリンティング株式会社
印 刷 所	税経印刷株式会社
製 本 所	牧製本印刷株式会社

発行所	東京都新宿区 下落合2丁目5番13号	株式 会社　税務経理協会

郵便番号　161-0033　振替　00190-2-187408　電話　(03) 3953-3301（編集部）
　　　　　　　　　　FAX (03) 3565-3391　　　　 (03) 3953-3325（営業部）
　　　　　　　　URL　http://www.zeikei.co.jp/
　　　　　　　　乱丁・落丁の場合はお取替えいたします。

Ⓒ　岩城みずほ　2012　　　　　　　　　　Printed in Japan

本書を無断で複写複製（コピー）することは，著作権法上の例外を除き，禁じられています。本書をコピーされる場合は，事前に日本複写権センター（JRRC）の許諾を受けてください。
JRRC〈http://www.jrrc.or.jp　eメール：info@jrrc.or.jp
電話：03-3401-2382〉

ISBN978-4-419-05783-1　C0033